La Cenerentola,
ossia La bontà in trionfo

シンデレラ
あるいは "美徳の勝利"

Dramma giocoso in due atti

２幕のオペラ・ジョコーソ

Musica di
Gioachino Rossini

作曲
ジョアキーノ・ロッシーニ

Libretto di
Jacopo Ferretti

台本
ヤーコポ・フェッレッティ

Prima rappresentazione:
Roma, Teatro Valle
25 gennaio 1817

初演
ヴァッレ劇場、ローマ
１８１７年１月２５日

Traduzione in lingua giapponese
a cura di
Hiroyuki KAWAHARA

日本語訳
編集・校閲・注釈
© 河原　廣之

© *Tutti i diritti sono riservati*
proprietà New Pec Internazionale Operapec,
Takako KAWAHARA, Luna KAWAHARA.

おぺら読本出版

Personaggi 登場人物

DON RAMIRO, Principe di Salerno (tenore)　　サレルノの王子、ドン・ラミーロ　（テノール）

DANDINI, suo cameriere (baritono)　　その従者、ダンディーニ　（バリトン）

DON MAGNIFICO,　　モンテフィアスコーネ男爵、
barone di Montefiascone (buffo)　　ドン・マニーフィコ　（ブッフォ）

CLORINDA, figlia di (soprano)　　ドン・マニーフィコの娘、クロリンダ　（ソプラノ）

TISBE, figlia di (soprano)　　ドン・マニーフィコの娘、ティスベ　（ソプラノ）

ANGIOLINA, sotto il nome di CENERENTOLA,　　シンデレラと綽名されるアンジョリーナ(1)
figliastra di DON MAGNIFICO (mezzosoprano)　　ドン・マニーフィコの継子　（メゾソプラノ）

ALIDORO, filosofo,　　哲学者でドン・ラミーロの師、
maestro di Don Ramiro (basso)　　アリドーロ　（バス）

　　　　　　　　　　　　　　　　　　　　（1）シンデレラ
　　　　　　　　　　　　　　　　　　　　Cenerentolaは Cenere と Pentola
　　　　　　　　　　　　　　　　　　　　を結合させた造語である。
　　　　　　　　　　　　　　　　　　　　Cenereは、灰、埃の意味で、掃除や片付けを連想させ、また
　　　　　　　　　　　　　　　　　　　　Pentolaは、鍋・深鍋の意味で、台所や食卓の世話を連想
　　　　　　　　　　　　　　　　　　　　させる。このため、シンデレラを「灰かぶり姫」と訳出した例も
　　　　　　　　　　　　　　　　　　　　あるが、本体訳書では、シンデレラと訳してある。

Cortigiani del Principe　　王子付の廷臣たち

Dame　　黙役の貴婦人たち

La scena, parte in un vecchio palazzo di　　舞台はドン・マニーフィコの古い館で始まる。
Don Magnifico, e parte in un casino di delizie　　この館から半マイルほどの距離に
del Principe distante mezzo miglio.　　王子の瀟洒な邸宅がある。

Atto I　　　　第1幕

Antica sala terrena nel castello del Barone, con cinque porte;　男爵の城の地上階の古風な広間。扉が5つある。
a destra camino, tavolino con specchio, cestello con fiori, e sedie.　上手には、暖炉、鏡の付いた小机、花の入った籠、そして数脚の椅子。

Scena I
【第1景】

Clorinda provando uno sciassé;
Tisbe acconciando un fiore ora alla fronte ora al petto;
Cenerentola soffiando con un manticetto al camino per
far bollire un cuccumo di caffè;
indi Alidoro da povero; poi seguaci di Ramiro.

クロリンダはバレエのステップの稽古をしている。
ティスベは花を頭に飾ったり、胸に飾ったりしている。
シンデレラはコーヒーを沸かすために、
ふいごで暖炉に風を送っている。
続いて貧相な衣裳を身に纏ったアリドーロ、次にラミーロの従者たち。

CLORINDA
No no no: non v'è, non v'è
Chi trinciar sappia così
Leggerissimo sciassé.

クロリンダ
いいえ、いいえ、いないわよ、絶対にいないわ、
これほどまでに軽快に
ステップを踏むことのできる人は。

TISBE
Sì sì sì: va bene lì.
Meglio lì; no, meglio qui.
Risaltar di più mi fa.

ティスベ
そう、そう、そうだわ、そこがいいわ。
そっちの方がいいわ、でもやっぱりこっち。
私を、より一層引き立てるわ。

CLORINDA e TISBE
A quest'arte, a tal beltà
Sdrucciolare ognun dovrà.

クロリンダ、ティスベ
この手並み、その美しさ
みんな卒倒する違いないわ。

CENERENTOLA
(con tono flemmatico)
Una volta c'era un Re,
Che a star solo s'annoiò:
Cerca, cerca, ritrovò;
Ma il volean sposare in tre.
Cosa fa?
Sprezza il fasto e la beltà.
E alla fin sceglie per sé
L'innocenza e la bontà.
La la là
Li li lì
La la là.

シンデレラ
〈どこか我慢したような口調で〉
昔々ある所に、ひとりの王様がおりました…
独りで生活することに嫌気がさし、
王様は探して、探して、ついに見つけました。
ところが王様との結婚を3人が望んだのです。
一体どうするのでしょう?
贅沢ときらびやかさを軽蔑し
最後には、御自身が決断するのです、
純真で心優しい人を。
ラララー…
リリリー…
ラララー…

CLORINDA e TISBE
Cenerentola, finiscila
Con la solita canzone.

クロリンダ、ティスベ
シンデレラ、やめなさいよ、
いつもその歌ばかり…

CENERENTOLA
Presso al fuoco in un cantone
Via lasciatemi cantar.
Una volta c'era un Re
Una volta...

シンデレラ
部屋の隅の暖炉のそばで…
歌わせてくださいな…
昔、ある所に、ひとりの王様がいました。
ひと昔前、ある所に…

CLORINDA
E due, e tre.

クロリンダ
ふた昔… みっつ昔前…

CLORINDA e TISBE
La finisci sì o no?
Se non taci ti darò.

クロリンダ、ティスベ
やめるの、やめないの?
やめないと、お前にはこれだよ…

CENERENTOLA

シンデレラ

Una volta...

*(S'ode picchiare. Cenerentola apre,
ed entra Alidoro da povero.)*

CLORINDA, TISBE e CENERENTOLA
Chi sarà?

ALIDORO
Un tantin di carità.

CLORINDA e TISBE
Accattoni! Via di qua.

CENERENTOLA
Zitto, zitto: su prendete
Questo po' di colazione.
*(Versa una tazza di caffè, e la dà con un pane
ad Alidoro coprendolo dalle sorelle.)*
Ah non reggo alla passione,
Che crudel fatalità!

ALIDORO
Forse il Cielo il guiderdone
Pria di notte vi darà.

CLORINDA e TISBE
(pavoneggiandosi)
Risvegliar dolce passione
Più di me nessuna sa.
(volgendosi ad osservare Alidoro)
Ma che vedo! Ancora lì!
Anche un pane? anche il caffè?
(scagliandosi contro Cenerentola)
Prendi, prendi, questo a te.

CENERENTOLA
Ah! soccorso chi mi dà!

ALIDORO
(frapponendosi inutilmente)
Vi fermate, per pietà.

*(Si picchia fortemente; Cenerentola corre ad aprire,
ed entrano i cavalieri.)*

CORO
O figlie amabili - Di Don Magnifico
Ramiro il Principe - Or or verrà,
Al suo palagio - Vi condurrà.
Si canterà - Si danzerà:
Poi la bellissima - Fra l'altre femmine
Sposa carissima - Per lui sarà.

CLORINDA e TISBE
Ma dunque il Principe?

CORO
Or or verrà.

CLORINDA e TISBE
E la bellissima?

CORO
Si sceglierà.

CLORINDA e TISBE
Cenerentola vien qua.
Le mie scarpe, il mio bonné.
Cenerentola vien qua.
Le mie penne, il mio collié.

昔、ある所に…

〈扉をたたく音が聞こえてくる。シンデレラが扉を開けると、
貧相な衣裳を纏ったアリドーロが入って来る。〉

クロリンダ、ティスベ、シンデレラ
誰かしら?

アリドーロ
少しばかりのお恵みを。

クロリンダ、ティスベ
こじき! さっさとお行き!

シンデレラ
静かに、静かに。さあ、どうぞ受け取って頂戴、
本当にささやかな朝食ですけれど。
〈カップにコーヒーを注ぎ、姉達に見つからないように、
パンを添えてアリドーロに与える。〉
ああ、かわいそうに、私には耐えられないわ、
何て辛い運命!

アリドーロ
きっと、夜になる前に、天があなたに
大いなる報いをお与えになることでしょう。

クロリンダ、ティスベ
〈得意になって〉
私以上に、いったい誰が、甘い情熱を
かき立てる事が出来るというの。
〈アリドーロを確認するために振りかえると〉
誰かと思えば! まだ、そこに!
おまけにパン? コーヒーまで?
〈シンデレラを、激しく叱り〉
こうだよ! こうだよ! お前にはこれだよ!

シンデレラ
ああ! 誰が私を助けてくれるの?

アリドーロ
〈無駄と知りつつ中に割って入る〉
どうか、やめて下さい。

〈激しく扉を叩く音。シンデレラは走って開けにゆく。
騎士たちが入って来る。〉

合唱
おお、ドン・マニーフィコ様の愛らしいご令嬢方、
ラミーロ王子が、まもなくお着きになります。
あなた方を王宮にご案内することでしょう。
祝いの歌が歌われ、舞踏会が催されるのです。
そして、多くの女性達の中で一番美しい娘が
王子の最愛の妻となるのです。

クロリンダ、ティスベ
で、王子様は?

合唱
間もなくお着きになるでしょう。

クロリンダ、ティスベ
そして、一番美しい娘が?

合唱
選ばれるでしょう。

クロリンダ、ティスベ
シンデレラ、こっちへ来て、
私の靴、帽子。
シンデレラ、こっちへ来て、
私の羽飾り、首飾り。

La Cenerentola ossia La bontà in trionfo di G. Rossini

Nel cervello ho una fucina;	頭の中が、かっかとしてきたわ。
Son più bella e vo' trionfar.	私のほうが綺麗よ、栄誉を勝ち取りたいわ。
A un sorriso, a un'occhiatina	この微笑みに、この目くばせに
Don Ramiro ha da cascar.	ドン・ラミーロ様は降参ね。

CENERENTOLA / シンデレラ

Cenerentola vien qua.	シンデレラ、こっちに来て、
Cenerentola va' là.	シンデレラ、あっちへ行って、
Cenerentola va' su.	シンデレラ、上へ、
Cenerentola va' giù.	シンデレラ、下へ。
Questo è proprio uno strapazzo!	これは、もう気違い沙汰よ!
Mi volete far crepar?	私をバラバラにする気なの?
Chi alla festa, chi al solazzo	パーティに行ったり、気晴らしをしたり、
Ed io resto qui a soffiar.	でも、私はここで息をきらせてお留守番。

ALIDORO / アリドーロ

Nel cervello una fucina	頭はかっかとして
Sta le pazze a martellar.	のぼせ上がっている、
Ma già pronta è la ruina.	だが、不幸な結果に終わるのは目に見えている。
Voglio ridere a schiattar.	その時は腹の底から笑ってやりたい…

CORO / 合唱

Già nel capo una fucina	頭の中は、かっかとして
Sta le donne a martellar;	のぼせ上がっている。
Il cimento si avvicina,	試練の時が近づいている、
Il gran punto di trionfar.	勝利を収める大事な時。

CLORINDA / クロリンダ
(dando una moneta a Cenerentola, onde la dia ai seguaci del Principe)
〈立ち去ろうとする王子の従者たちに手渡すようにとシンデレラに一枚の硬貨を与えながら〉

Date lor mezzo scudo. Grazie. Ai cenni	彼らに半スクードさしあげて頂戴、頼んだわよ。
Del Principe noi siamo.	私達、王子様からお声がかかるのを待ってるわ。
(osservando il povero e raggricciando il naso)	〈貧相なこじきに目をやりながら〉
Ancor qui siete?	お前、まだここにいるの?
Qual tanfo! Andate, o ve ne pentirete.	何と目ざわりな! お行き、後で泣く事になるわよ。

CENERENTOLA / シンデレラ
(accompagnando Alidoro) 〈アリドーロを案内して〉

(Io poi quel mezzo scudo	〔私、あの半スクードを
A voi l'avrei donato;	あなたに、さしあげたかったわ。
Ma non ho mezzo soldo. Il core in mezzo	でも、私、少しのお金もないの。心を半分に割って
Mi spaccherei per darlo a un infelice.)	恵まれない人に差し上げたいけれど…〕

(marcato assai, e Alidoro parte) 〈アリドーロ退場。〉

ALIDORO / アリドーロ

(Forse al novello dì sarai felice.)	〔日が変われば、あなたは幸せになるでしょう。〕

TISBE / ティスベ

Cenerentola, presto	シンデレラ、急いでよ、
Prepara i nastri, i manti.	リボンとマントを用意して頂戴。

CLORINDA / クロリンダ

Gli unguenti, le pomate.	香油とポマードもよ。

TISBE / ティスベ

I miei diamanti.	それに、私のダイヤモンドも。

CENERENTOLA / シンデレラ

Uditemi, sorelle...	ちょっと聞いて下さい、お姉様達…

CLORINDA / クロリンダ
(altera) 〈傲慢に〉

Che sorelle!	何がお姉様達よ!
Non profanarci con sì fatto nome.	そんな親しい呼び方はしないで。

TISBE / ティスベ
(minacciandola) 〈彼女を脅しながら〉

E guai per te se t'uscirà di bocca.	今度そんな呼び方をしたら、ひどい目に合うわよ!

CENERENTOLA
(Sempre nuove pazzie soffrir mi tocca.)
(entra a sinistra)

TISBE
Non v'è da perder tempo.

CLORINDA
Nostro padre
Avvisarne convien.
(Questionando fra loro, ed opponendosi a vicenda d'entrare a destra.)

TISBE
Esser la prima
Voglio a darne la nuova.

CLORINDA
Oh! mi perdoni.
Io sono la maggiore.

TISBE
No no, gliel vo' dir io.
(Crescendo nella rabbia fra loro.)

CLORINDA
È questo il dover mio.
Io svegliare lo vuo'. Venite appresso.

TISBE
Oh! non la vincerai.

CLORINDA
(osservando fra le scene)
Ecco egli stesso.

Scena II

*Don Magnifico, bieco in volto, esce in berretta
da notte e veste da camera;
e detti; indi Cenerentola.*

DON MAGNIFICO
Miei rampolli femminini,
Vi ripudio; mi vergogno!
Un magnifico mio sogno
Mi veniste a sconcertar.
(ricusando di dar loro a baciar la mano)
(Clorinda e Tisbe ridono quando non le guarda.)
(da sé, osservandole)
Come son mortificate!
Degne figlie d'un Barone!
Via: silenzio ed attenzione.
State il sogno a meditar.
Mi sognai fra il fosco e il chiaro
Un bellissimo somaro.
Un somaro, ma solenne.
Quando a un tratto, oh che portento!
Su le spalle a cento a cento
Gli spuntavano le penne
Ed in alto, fsct, volò!
Ed in cima a un campanile
Come in trono si fermò.
Si sentiano per di sotto
Le campane sdindonar.
Col cì cì, ciù ciù di botto
Mi faceste risvegliar.

シンデレラ
〔いつも新たな我侭に辛抱するのが私の仕事。〕
〈下手に退場。〉

ティスベ
ぐずぐずしていられないわ。

クロリンダ
お父さまに
この事をお知らせしなければ。
〈二人で言い争い、どちらが先に上手(かみて)に
退場するかもめている。〉

ティスベ
私が先よ
この知らせを伝えるのは。

クロリンダ
まあ! 悪いけど、
私が年上なのよ。

ティスベ
だめ、だめよ、私が伝えたいのよ。
〈お互いに怒りが昂じて〉

クロリンダ
これは私の義務よ。
私がお父さまを起こすわ。私についてらっしゃい。

ティスベ
まあ! そうはさせないわよ。

クロリンダ
〈舞台上を観察しながら〉
あら、お父さまだわ。

【第2景】

ドン・マニーフィコはうるさそうに、ナイト・キャップを被り、
ガウン姿で登場する。
前景の人々、その後、シンデレラ。

ドン・マニーフィコ
ああ、わしの愚かな娘たちよ、
お前達とは縁切りだ、恥知らずめ!
わしのすばらしい夢を
めちゃくちゃにしおって。
〈彼女たちが手に口づけしようとするのを拒んで〉
〈クロリンダとティスベは彼が見ていない時は、笑っている。〉
〈娘たちを観察しながら独白〉
何と不愉快な娘たちなのだ!
男爵の娘とあろうものが!
さあ、黙ってよく聞きなさい。
じっくり夢を見させておくれ。
わしは、闇と光の真只中で
一頭の、じつに見事なロバの夢を見ていた。
ロバと言っても実に堂々としていた。
一瞬のうちに、ああ、何と言う驚き!
両肩に、一気に
羽根が生え、
シューと音をたて、空高く舞い上がった!
そして、鐘楼のてっぺんに、
まるで、玉座に居座るかのように止まった。
その下では
鐘がディンドンと鳴り始めた。
すると出し抜けに、チ、チ、チュー、チューと
お前達はわしを起こしにやって来た。

Ma d'un sogno sì intralciato Ecco il simbolo spiegato. La campana suona a festa? Allegrezza in casa è questa. Quelle penne? Siete voi. Quel gran volo? Plebe addio. Resta l'asino di poi? Ma quell'asino son io. Chi vi guarda vede chiaro Che il somaro è il genitor. Fertilissima Regina L'una e l'altra diverrà; Ed il nonno una dozzina Di nepoti abbraccierà. Un Re piccolo di qua. Un Re bambolo di là. E la gloria mia sarà. *(Interrompendosi e strappandosi Don Magnifico.)*	だが、邪魔されたわしの夢の 意味するところはこうじゃ… 鐘がガンガン鳴っている、とは? それは、わが館の幸福。 あの羽根は? お前達のことだ。 あの大きな羽ばたきは? 烏合の衆は、もうたくさん。 だが、まだ、ロバが残っている、 そのロバは、わしの事なのじゃ。 それを見る者には、 ロバが父親だという事は一目瞭然。 子宝に恵まれた女王が ひとり、ふたり、と子孫を増やし、 おじいちゃんのわしは、 1ダースの孫を抱く事になるだろう。 小さな王がこっちに、 かわいい王があっちに、 それは、わしの栄光となるだろう。 〈ドン・マニーフィコをさえぎり、引っ張りながら〉
CLORINDA Sappiate che fra poco...	クロリンダ ご存知、すぐにも…
TISBE Il Principe Ramiro...	ティスベ ラミーロ王子が…
CLORINDA Che son tre dì che nella deliziosa...	クロリンダ 三日間も、とても楽しい…
TISBE Vicina mezzo miglio Venuto è ad abitar...	ティスベ 半マイル程のところに 腰を落ち着け…
CLORINDA Sceglie una sposa...	クロリンダ 花嫁をお選びに…
TISBE Ci mandò ad invitar...	ティスベ 私達も御招待の使者が…
CLORINDA E fra momenti...	クロリンダ そして、すぐにも…
TISBE Arriverà per prenderci...	ティスベ 私達を迎えにいらっしゃいますわ…
CLORINDA E la scelta La più bella sarà...	クロリンダ そして、一番美しい娘が 選ばれると…
DON MAGNIFICO *(in aria di stupore ed importanza)* Figlie, che dite! Quel principon! Quantunque io nol conosco... Sceglierà!.. v'invitò... Sposa... più bella! Io cado in svenimento. Alla favella È venuto il sequestro. Il principato Per la spinal midolla Già mi serpeggia, ed in una parola Il sogno è storia, ed il somaro vola. *(Cenerentola entra, vota il caffè e lo reca nella camera di Don Magnifico.)* Cenerentola, presto. Portami il mio caffè. Viscere mie. Metà del mio palazzo è già crollata, E l'altra è in agonia. Fatevi onore. Mettiamoci un puntello. *(andando e tornando, e riprendendo le figlie, che stanno per entrare)*	ドン・マニーフィコ 〈重大かつ驚きの表情で〉 娘たちよ、何て言った! その王子が! わしは面識はないが… 選ぶじゃろう!… お前達を招待した… 花嫁に… よりきれいな娘を! 卒倒しそうだ。この話しに ころがりこんで来たぞ。君主の地位が 背中がぞくぞくする! もう、動き始めているぞ、 夢が現実となり、そしてロバは飛ぶ。 〈シンデレラが入ってくる。コーヒーをつぎ、 ドン・マニーフィコの部屋に持って来る。〉 シンデレラ、急げ。 わしのコーヒーを持って来るのだ! 娘たちよ、 わしの館の半分はすでに崩れ落ち、 残りの半分は臨終だ。お前達が栄光を捕むのだ。 何とか踏ん張るのだ。 〈行ったり来たりし、出て行こうとしている 娘たちを引き止め〉

Figlie state in cervello. Parlate in punto e virgola. Per carità: pensate ad abbigliarvi; Si tratta niente men che imprinciparvi. *Entra nelle sue stanze,* *Clorinda e Tisbe nella loro.*	娘たちよ、脳ミソはフル回転だぞ! 話す時は、句読点を明確に… 服装には十分気を配り、 王妃として申し分のない振る舞いを。 マニーフィコは自分の部屋に戻る。 クロリンダとティスベも自分達の部屋に戻る。

Scena III 【第3景】

Don Ramiro e Cenerentola.
Don Ramiro vestito da scudiero;
guarda intorno e si avanza a poco a poco.

ドン・ラミーロとシンデレラ。
従者の服装をしたラミーロが、
あたりを見まわし、少しづつ前に進み出る。

RAMIRO
Tutto è deserto. Amici?
Nessun risponde. In questa
Simulata sembianza
Le belle osserverò. Né viene alcuno?
Eppur mi diè speranza
Il sapiente Alidoro,
Che qui, saggia e vezzosa,
Degna di me trovar saprò la sposa.
Sposarsi... e non amar! Legge tiranna,
Che nel fior de' miei giorni
Alla difficil scelta mi condanna.
Cerchiam, vediamo.

ラミーロ
まるで砂漠だ… おーい、誰かいるか?
誰も答えない。この
変装した姿で
美しい娘たちの様子を探ってみよう。誰も来ない?
それにしても、わが師アリドーロは
私に希望を与えてくれた、
私にふさわしい、賢く、愛らしい花嫁を
この館で見つけることができると…
結婚はしても、愛がなければ…
それは残酷きわまりない律法だ、
私の青春は私に困難な選択をせまる。
さてさて、探し始めてみよう。

Scena IV 【第4景】

Cenerentola cantando fra' denti con sottocoppa
e tazza da caffè, entra spensierata nella stanza,
e si trova a faccia a faccia con Ramiro;
le cade tutto di mano, e si ritira in un angolo.

シンデレラが、コーヒーを受け皿にのせて、
鼻歌を歌いながら気もそぞろに部屋に入って来る。
目の前にラミーロを見て、手にしていた物をすっかり落としてしまい、
隅の方に身を退く。

CENERENTOLA
Una volta c'era...
Ah! è fatta

シンデレラ
ひと昔前、ある所に…
ああ! しまった。

RAMIRO
Cos'è?

ラミーロ
どうしたのです?

CENERENTOLA
Che batticuore!

シンデレラ
まあ、驚いたわ!

RAMIRO
Forse un mostro son io!

ラミーロ
僕が怪物だとでも!

CENERENTOLA
(prima astratta poi correggendosi con naturalezza)
Sì... no, signore.

シンデレラ
〈最初は放心していたが、平常心を取り戻して〉
ええ… いいえ、あなた…

RAMIRO
Un soave non so che
In quegl'occhi scintillò!

ラミーロ
善とも言えぬ甘美さが
あの瞳に輝いていたことか!

CENERENTOLA
Io vorrei saper perché
Il mio cor mi palpitò?

シンデレラ
私どうしてだか知りたいわ、
この心がこんなにときめくわけを…

RAMIRO
Le direi... ma non ardisco.

ラミーロ
彼女に話しかけたいが… その勇気がない。

CENERENTOLA
Parlar voglio, e taccio intanto.

シンデレラ
話したいのに、黙りこんでる私。

CENERENTOLA e RAMIRO
Una grazia, un certo incanto
Par che brilli su quel viso!

シンデレラ、ラミーロ
優しさ、言葉では表現できない魅力が
その顔に輝いている!

Quanto caro è quel sorriso.
Scende all'alma e fa sperar.

RAMIRO
Del Baron le figlie io chiedo
Dove son? qui non le vedo.

CENERENTOLA
Stan di là nell'altre stanze.
Or verranno. (Addio speranze.)

RAMIRO
(con interesse)
Ma di grazia, voi chi siete?

CENERENTOLA
Io chi sono? Eh! non lo so.

RAMIRO
Nol sapete?

CENERENTOLA
Quasi no.
*(accostandosi a lui sottovoce e rapidissima,
correggendosi ed imbrogliandosi)*
Quel ch'è padre, non è padre...
Onde poi le due sorelle...
Era vedova mia madre...
Ma fu madre ancor di quelle...
Questo padre pien d'orgoglio...
Sta' a vedere che m'imbroglio?
Deh! scusate, perdonate
Alla mia semplicità.

RAMIRO
Mi seduce, m'innamora
Quella sua semplicità.

CLORINDA, TISBE e DON MAGNIFICO
(dalle loro stanze, a vicenda ed insieme)
Cenerentola... da me.

RAMIRO
Quante voci! che cos'è?

CENERENTOLA
A ponente ed a levante,
A scirocco e a tramontana,
Non ho calma un solo istante,
Tutto tutto tocca a me.
(ora verso una, ora verso l'altra delle porte)
Vengo, vengo. Addio, signore.
(con passione)
(Ah ci lascio proprio il core
Questo cor più mio non è.)

RAMIRO
(da sé, astratto, osservandola sempre)
(Quell'accento, quel sembiante
È una cosa sovrumana.
Io mi perdo in quest'istante
Già più me non trovo in me.
Che innocenza! che candore!
Ah! m'invola proprio il core!
Questo cor più mio non è.)

その微笑みの、何と優しい事。
琴線に触れ、希望を与える。

ラミーロ
男爵の令嬢をお訪ねしたいのですが。
どこにおられますか? ここには、いないようですが。

シンデレラ
それぞれのお部屋にいらっしゃるので…
すぐにお見えになるでしょう。〔お仕舞いね、私の希望。〕

ラミーロ
〈関心を示して〉
ところで、失礼ですが、あなたはどなたですか?

シンデレラ
私が誰かって? あのー! わかりませんわ…

ラミーロ
あなたがどなたかご存じない?

シンデレラ
ほとんどわからないのです。
〈彼に近づきながら小声で話す。そして、あわてて
何度も言い改め、頭の中が混乱してくる〉
父であるはずの人物は、じつは父親ではなく…
加えて二人の姉というのも…
私の母は未亡人で…
でも、その二人の姉の母でも…
この父はたいへん傲慢で…
私、かなり混乱しているわ。
ああ! ごめんなさいね、
私の愚かさをお許し下さい。

ラミーロ
この彼女の純真さが
僕をひきつけ、恋心をかき立てる。

クロリンダ、ティスベ、マニーフィコ
〈自分達の部屋から次々に現われて、一緒に〉
シンデレラ… こっちに来るのよ!

ラミーロ
この叫び声、何があったというのだ?

シンデレラ
西へ、東へ、
南へ、北へ、
一瞬たりとも休まる時がないのです。
何もかも私に押し付けるのですわ。
〈ひとつの扉から別の扉へ向かう。〉
行きます、行きますよ。さようなら、旦那様。
〈情熱を込めて〉
〔ああ、本当に心残りだわ。
この心は、もう私のものではないのだわ。〕

ラミーロ
〈放心して、いつまでも彼女を見詰めながら〉
〔あの言葉遣い、それにあのかんばせ、
天上のものに違いない。
僕は、今、この瞬間に自分を見失い、
もう、自分が誰かもわからない。
何と清純な! 何と純真な!
ああ! まさに、心が飛び立って行くようだ。
この心は、もう僕のものではないのだ。〕

Scena V

Ramiro solo; indi Don Magnifico
in abito di gala senza cappello.

RAMIRO
Non so che dir. Come in sì rozze spoglie
Sì bel volto e gentil! Ma Don Magnifico
Non apparisce ancor? Nunziar vorrei
Del mascherato Principe l'arrivo.
Fortunato consiglio!
Da semplice scudiero
Il core delle femmine
Meglio svelar saprò. Dandini intanto
Recitando da Principe...

DON MAGNIFICO
Domando
Un milion di perdoni.
Dica: e Sua Altezza il Principe?

RAMIRO
Or ora arriva.

DON MAGNIFICO
E quando?

RAMIRO
Tra tre minuti.

DON MAGNIFICO
(in agitazione)
Tre minuti! ah figlie!
Sbrigatevi: che serve?
Le vado ad affrettar. Scusi; per queste
Ragazze benedette,
Un secolo è un momento alla toelette.
(entra dalle figlie)

RAMIRO
Che buffone! E Alidoro mio maestro
Sostien che in queste mura
Sta la bontà più pura!
Basta basta, vedrem. Alle sue figlie
Convien che m'avvicini.
Qual fragor!.. non m'inganno. Ecco Dandini.

Scena VI

Cavailieri, Dandini e detti; indi Clorinda e Tisbe.

CORO
Scegli la sposa, affrettati:
S'invola via l'età.
La principesca linea.
Se no s'estinguerà.

DANDINI
Come un'ape ne' giorni d'aprile
Va volando leggiera e scherzosa;
Corre al giglio, poi salta alla rosa,
Dolce un fiore a cercare per sé;
Fra le belle m'aggiro e rimiro;
Ne ho vedute già tante e poi tante
Ma non trovo un giudizio, un sembiante,
Un boccone squisito per me.
(Clorinda e Tisbe escono, e sono presentate

【第5景】

ラミーロ独り、そこに盛装をした
ドン・マニーフィコが現われる。

ラミーロ
どう表現すればいいのだ。あの心優しく美しい女性が
あんなに粗末な身なりとは! それにしても
ドン・マニーフィコはまだ現われない。
偽装の王子の到着を早く知らせたい。
それにしてもこれは名案だ!
本物の従者を装うことで
彼女たちの本心を、
明確に暴き出す事が出来るだろう。しばらくは
ダンディーニに王子役を演じてもらおう…

ドン・マニーフィコ
まことに失礼とは存じますが
お尋ねいたします。
王子殿はお着きですかな?

ラミーロ
もう間もなくお着きです。

ドン・マニーフィコ
で、いつごろ?

ラミーロ
あと三分です。

ドン・マニーフィコ
〈あわてて〉
三分! ああ、娘たちよ!
急げ。何をしている?
娘たちを急かせてきますので… 失礼、
何しろ、最悪の娘たちで…
化粧台の前では、一瞬が一世紀と同義語なのですからな…
〈娘たちの部屋に行く。〉

ラミーロ
愚かな奴だ! しかし、我がアリドーロ師は
この館の中に
最も純真な心があると言い切っている!
考えても仕方がない、百聞は一見に若かずだ。奴の娘たちに
出来る限り接近するのが良さそうだ。
何と騒々しい! … 間違いなくダンディーニだ。

【第6景】

騎士たち、ダンディーニ、前景の人々。続いてクロリンダとティスベ。

合唱
花嫁をお選び下さい、さあ早く。
若さというものは飛び去って行きます。
さもなくば、王の家系は
途絶えてしまいます。

ダンディーニ
四月の陽光に飛ぶ一匹の蜜蜂のように
軽快に、戯れ飛ぶ…
それはユリに走り、バラに跳ね、
自分自身の甘い一輪の花を求めて
幾人もの美しい女性の間をめぐり歩いては、見詰め
これまで何人も何人も随分会っては来たが
賢く美しい女性には、まだ巡りあってはいない、
この五感を満足させてくれる人には…
〈クロリンダとティスベは前に進み出る。彼女たちは

a Dandini da Don Magnifico in gala.)

CLORINDA
Prence!

TISBE
Sire...

CLORINDA e TISBE
Ma quanti favori!

DON MAGNIFICO
Che diluvio! che abisso di onori!

DANDINI
Nulla, nulla;
(con espressione or all'una ora all'altra)
Vezzosa; graziosa!
(accostandosi a Ramiro)
(Dico bene?) Son tutte papà.

RAMIRO
(Bestia! attento! ti scosta; va' là.)

DANDINI
(alle due sorelle che lo guardano con passione)
Per pietà, quelle ciglia abbassate.
Galoppando sen va la ragione,
E fra i colpi d'un doppio cannone
Spalancato è il mio core di già.
(da sé)
(Ma al finir della nostra commedia
Che tragedia qui nascer dovrà.)

CLORINDA e TISBE
(ognuna da sé)
(Ei mi guarda. Sospira, delira
Non v'è dubbio: è mio schiavo di già.)

RAMIRO
*(sempre osservando con interesse
se torna Cenerentola)*
(Ah! perché qui non viene colei,
Con quell'aria di grazia e bontà?)

DON MAGNIFICO
*(da sé osservando con compiacenza Dandini,
che sembra innamorato)*
(E già cotto, stracotto, spolpato
L'Eccellenza si cangia in Maestà.)

DANDINI
(osservando Clorinda, Tisbe e Don Magnifico)
Allegrissimamente! che bei quadri!
Che bocchino! che ciglia!
Siete l'ottava e nona meraviglia.
Già tales patris talem filias.

CLORINDA
(con inchino)
Grazie!

DON MAGNIFICO
(curvandosi)
Altezza delle Altezze!
Che dice? mi confonde. Debolezze.

DANDINI
Vere figure etrusche!
(piano a Ramiro)
(Dico bene?)

クロリンダ
王子様!

ティスベ
陛下…

クロリンダ、ティスベ
お目にかかれて光栄ですわ!

ドン・マニーフィコ
何と身に余る、計り知れぬ光栄!

ダンディーニ
いや、いや。
〈表情豊かに、ひとりひとりに〉
愛らしき方! しとやかな方!
〈ラミーロに近づきながら〉
〔これでいいですか? 二人共、親爺と似たりよったりです。〕

ラミーロ
〔おい! 気をつけろ。離れて、あっちへ。〕

ダンディーニ
〈情熱的に彼を見詰める二人の姉妹に〉
お願いです、その目を伏せて下さい、
理性を失ってしまいます。
ダブルの大砲による攻撃をうけて
私奴の心はもう完全に降参です。
〈独白〉
〔だが、私達の喜劇の終幕に、
いかなる悲劇が生まれることだろう。〕

クロリンダ、ティスベ
〈独白〉
〔彼、私を見詰め、ため息をつき、ポーッとして、
間違いないわ、あの人はもう私のものよ。〕

ラミーロ
〈シンデレラが戻って来るかどうか、
気になって、たえずあたりを見渡しながら〉
〔ああ! あの愛らしく優しい心根を持ったあの人は、
どうしてここに姿を見せないのだろう?〕

ドン・マニーフィコ
〈恋に落ちたように思われるダンディーニを、
満足した様子で見詰め独白〉
〔もう、ぞっこん惚れ込んでいるぞ。
閣下から陛下に昇進だぞ!〕

ダンディーニ
〈クロリンダ、ティスベ、ドン・マニーフィコを観察しながら〉
陽気、陽気、陽気! 何と見事な絵姿!
何と愛らしい口もと、それにまつ毛!
あなた方は世の八不思議、否、九不思議!
まさに、この父にしてこの娘御あり。

クロリンダ
〈ひざまずいて〉
ありがとうございます!

ドン・マニーフィコ
〈深々と礼をして〉
陛下の中の陛下、
何と仰る? いささか混乱し、恐縮至極…

ダンディーニ
まことのエトルリア人の容姿。
〈小声でラミーロに〉
〔こんなものですかね?〕

RAMIRO
(piano a Dandini)
(Cominci a dirle grosse.)

DANDINI
(piano a Ramiro)
(Io recito da grande, e grande essendo,
Grandi le ho da sparar.)

DON MAGNIFICO
(piano alle figlie con compiacenza)
(Bel principotto!
Che non vi fugga: attente.)

DANDINI
Or dunque seguitando quel discorso
Che non ho cominciato;
Dai miei lunghi viaggi ritornato
E il mio papà trovato,
Che fra i quondam è capitombolato,
E spirando ha ordinato
Che a vista qual cambiale io sia sposato,
O son diseredato,
Fatto ho un invito a tutto il vicinato.
E trovando un boccone delicato,
Per me l'ho destinato.
Ho detto, ho detto, e adesso prendo fiato.

DON MAGNIFICO
(sorpreso)
(Che eloquenza norcina!)

CENERENTOLA
*(entrando osserva l'abito del Principe,
e Ramiro che la guarda)*
(Ih, che bell'abito!
E quell'altro mi guarda.)

RAMIRO
(Ecco colei!
Mi ripalpita il cor.)

DANDINI
Belle ragazze,
Se vi degnate inciambellare il braccio
Ai nostri cavalieri, il legno è pronto.

CLORINDA
(servite dai cavalieri)
Andiam.

TISBE
Papà Eccellenza,
Non tardate a venir.

(Escono.)

DON MAGNIFICO
(a Cenerentola voltandosi)
Che fai tu qui?
Il cappello e il bastone.

CENERENTOLA
Eh... Signor sì.
(scuotendosi dal guardar Ramiro, e parte)

DANDINI
Perseguitate presto
Con i piè baronali

ラミーロ
〈小声でダンディーニに〉
〔大袈裟にやってくれ。〕

ダンディーニ
〈小声でラミーロに〉
〔役になりきって演じますよ、立派に
彼女たちを見事に射止めてみせます。〕

ドン・マニーフィコ
〈満足し、小声で娘たちに〉
〔男前の、中いや大王子だ!
逃すでないぞ、気を引き締めて。〕

ダンディーニ
さてさて、先程の話を、
まだ始めておりませんでした…
私が長旅から戻りましたら、
わが父は、
生死の間をさ迷いながらも、
息も絶えだえ、こう命じたのです、
今すぐ、結婚するように、
さもなくば相続権を失うのだと…
そこで、私は近隣の諸氏を招き、
すばらしい人を探そうと
自身に課したわけです。
私は告げてまわり、今、ほっと一息というところです。

ドン・マニーフィコ
〈感嘆して〉
〔気合の入った雄弁だ!〕

シンデレラ
〈登場しながら、王子の衣装と、
シンデレラを見詰めているラミーロを見る〉
〔まあ、何て素敵なお召し物!
もうひと方は、私を見詰めているわ。〕

ラミーロ
〔とうとう彼女の登場だ。
この胸が再びときめく!〕

ダンディーニ
綺麗なお嬢さん方、
もしよろしければ、わが騎士たちに腕を。
馬車の用意は出来ております。

クロリンダ
〈騎士たちに従って〉
参りましょう。

ティスベ
お父上、
くれぐれも遅れることのないように!

〈退場。〉

ドン・マニーフィコ
〈振り返り、シンデレラに〉
お前、こんな所で何をしている?
帽子とステッキ。

シンデレラ
あのーっ… はい…
〈ラミーロが見ていたので、あわてて退場する。〉

ダンディーニ
すぐにも、我々の後に続いて下さい
王のもとに、男爵にふさわしい

I magnifici miei quarti reali.
(parte)

DON MAGNIFICO
Monti in carrozza, e vengo.
(andando nella camera dove è entrata Cenerentola)

RAMIRO
(E pur colei
Vo' riveder.)

DON MAGNIFICO
(di dentro in collera)
Ma lasciami.

RAMIRO
(La sgrida?)

CENERENTOLA
Sentite.

DON MAGNIFICO
(esce con cappello e bastone trattenuto con ingenuità da Cenerentola)
Il tempo vola.

RAMIRO
(Che vorrà?)

DON MAGNIFICO
Vuoi lasciarmi?

CENERENTOLA
Una parola.
Signore, una parola:
In casa di quel Principe
Un'ora, un'ora sola
Portatemi a ballar.

DON MAGNIFICO
Ih! Ih! La bella Venere!
Vezzosa! Pomposetta!
Sguaiata! Cova-cenere!
Lasciami, deggio andar.

DANDINI
(tornando indietro, ed osservando Ramiro immobile)
Cos'è? qui fa la statua?
(Sottovoce fra loro in tempo del solo di Don Magnifico.)

RAMIRO
Silenzio, ed osserviamo.

DANDINI
Ma andiamo o non andiamo!

RAMIRO
Mi sento lacerar.

CENERENTOLA
Ma una mezz'ora... un quarto.

DON MAGNIFICO
(alzando minaccioso il bastone)
Ma lasciami o ti stritolo.

RAMIRO e DANDINI
(accorrendo a trattenerlo)
Fermate.

DON MAGNIFICO
(sorpreso, curvandosi rispettoso a Dandini)
Serenissima!

歩みをもってお越しいただきたい。
〈退場。〉

ドン・マニーフィコ
さあ馬車にお乗り下さい、私も参ります。
〈シンデレラが入った部屋に近づきながら〉

ラミーロ
〔どうにかして、もう一度
彼女に会ってみたい。〕

ドン・マニーフィコ
〈舞台裏で、怒って〉
いいかげんにしろ。

ラミーロ
〔彼女に怒鳴っているのか?〕

シンデレラ
聞いて下さい。

ドン・マニーフィコ
〈シンデレラから、貴族らしく帽子とステッキを
受け取りながら〉
時間がない。

ラミーロ
〔彼女は何を要求しているのだろう?〕

ドン・マニーフィコ
いい加減にしなさい。

シンデレラ
ひと言だけ!
旦那様、ひと言だけでも…
あの王子様の館に、
一時間、一時間だけでいいのです
私を踊りに連れて行って下さい。

ドン・マニーフィコ
何! 何! お前が美のヴィーナス!
愛らしく、あでやかだと!
ぶざまな灰かぶり女が!
うんざりだ、わしは行かねばならん。

ダンディーニ
〈後戻りしながら、不動の姿勢のラミーロを見て〉
どうしたのですか、こんなところで身動きひとつせずに?
〈マニーフィコが話している間に、互いに小声で〉

ラミーロ
そーっと様子を見てみよう。

ダンディーニ
出発、それとも、滞在?

ラミーロ
ああ、心が痛む。

シンデレラ
30分… だめなら15分。

ドン・マニーフィコ
〈ステッキを振り上げて脅す〉
いい加減にしろ、叩くぞ。

ラミーロ、ダンディーニ
〈制止させるために駆け寄って〉
やめなさい。

ドン・マニーフィコ
〈驚き、ダンディーニにうやうやしく深々と礼をする〉
閣下!

(ora a Dandini ora a Cenerentola)
Ma vattene. - Altezzissima!
Servaccia ignorantissima!

RAMIRO e DANDINI
Serva?

CENERENTOLA
Cioè...

DON MAGNIFICO
(mettendole una mano sulla bocca e interrompendola)
Vilissima
D'un'estrazion bassissima,
Vuol far la sufficiente,
La cara, l'avvenente,
E non è buona a niente.
(minacciando)
Va' in camera, va' in camera
La polvere a spazzar.

DANDINI
(opponendosi con autorità)
Ma caro Don Magnifico
Via, non la strapazzar.

RAMIRO
(fra sé, con sdegno represso)
Or ora la mia collera
Non posso più frenar.

CENERENTOLA
(con tuono d'ingenuità)
Signori, persuadetelo;
Portatemi a ballar.
Ah! sempre fra la cenere
Sempre dovrò restar?
*(Nel momento che Don Magnifico staccasi da Cenerentola
ed è tratto via da Dandini, entra Alidoro con taccuino aperto.)*

ALIDORO
Qui nel mio codice
Delle zitelle
Con Don Magnifico
Stan tre sorelle.
(a Don Magnifico con autorità)
Or che va il Principe
La sposa a scegliere,
La terza figlia
Io vi domando.

DON MAGNIFICO
(confuso ed alterato)
Che terza figlia
Mi va figliando?

ALIDORO
Terza sorella...

DON MAGNIFICO
(atterrito)
Ella... morì...

ALIDORO
Eppur nel codice
Non v'è così.

CENERENTOLA
(Ah! di me parlano.)

〈ダンディーニとシンデレラに交互に〉
お前はあっちへ行け。殿下!
礼儀をわきまえぬ下女でして!

ラミーロ、ダンディーニ
下女?

シンデレラ
それは…

ドン・マニーフィコ
〈彼女の口を手でふさぎ、話しを遮って〉
それはそれは卑しーい娘で
下層も下層、下賤な女なのに
自分を上層の女性にみせたがり、
愛らしく、優雅な素振りをしたがり、
取柄などまったくありませんワ…
〈脅しながら〉
部屋に戻って引っ込んでなさい。
埃でも掃いていなさい!

ダンディーニ
〈威厳を持って対抗するように〉
親愛なるマニーフィコ殿
お止しなさい、彼女をいじめてはいけません。

ラミーロ
〈抑制された怒りをもって独白〉
俺の怒りは
これ以上抑えることが出来ない。

シンデレラ
〈無邪気な声で〉
皆さん、あの人を説得して下さい。
私を踊りに連れて行って下さい。
ああ! いつも、灰にまみれて
いつも、お留守番しなくてはいけないの?
〈ドン・マニーフィコがシンデレラから離れ、ダンディーニに引っ張られると、
アリドーロが戸籍簿を開いて入って来る。〉

アリドーロ
私が手にしている
未婚女子戸籍簿によれば、
ドン・マニーフィコ家には
三女あり、となっている。
〈マニーフィコに〉
王子が花嫁を
選ぼうとなさっておられるからには、
私は、貴殿に三番目の娘御について
伺いたい。

ドン・マニーフィコ
〈混乱し、動揺して〉
三番目の娘が
私に授かる可能性でも?

アリドーロ
三番目の娘御は…

ドン・マニーフィコ
〈ひきつって〉
その娘は… 死んだ…

アリドーロ
だが、この戸籍簿には
死んだとは記載されていない。

シンデレラ
〔ああ! 私の事を話しているわ。〕

(ponendosi in mezzo con ingenuità)
No, non morì.

DON MAGNIFICO
Sta' zitta lì.

ALIDORO
Guardate qui!

DON MAGNIFICO
(balzando Cenerentola in un cantone)
Se tu respiri,
Ti scanno qui.

RAMIRO, DANDINI e ALIDORO
Dunque morì?

DON MAGNIFICO
(sempre tremante)
Altezza sì.
(Momento di silenzio.)

TUTTI
(guardandosi scambievolmente)
Nel volto estatico
Di questo e quello
Si legge il vortice
Del lor cervello,
Che ondeggia e dubita
E incerto sta.

DON MAGNIFICO
(fra' denti, trascinando Cenerentola)
Se tu più mormori
Solo una sillaba
Un cimiterio
Qui si farà.

CENERENTOLA
(con passione)
Deh soccorretemi,
Deh non lasciatemi,
Ah! di me, misera
Che mai sarà?

RAMIRO
Via consolatevi.
Signor lasciatela.
(strappandola da Don Magnifico)
(Già la mia furia
Crescendo va.)

ALIDORO
(frapponendosi)
Via meno strepito:
Fate silenzio.
O qualche scandalo
Qui nascerà.

DANDINI
Io sono un Principe,
O sono un cavolo?
Vi mando al diavolo:
Venite qua.
(La strappa da Don Magnifico, e lo conduce via.)
(Tutti seguono Dandini.
Cenerentola corre in camera.
Si chiude la porta di mezzo;
un momento dopo rientra Alidoro con mantello da povero.)

〈無邪気に、半ば身を乗り出し〉
そうですとも、死んでなんかいないわ。

ドン・マニーフィコ
お前は黙っていろ。

アリドーロ
これを御覧下さい!

ドン・マニーフィコ
〈彼女を部屋の隅に跳ね飛ばし〉
たとえ息をしただけでも
ここで、お前の喉をかき切ってやる。

ラミーロ、ダンディーニ、アリドーロ
つまり、死んだ?

ドン・マニーフィコ
〈ずっと震えながら〉
左様で、閣下。
〈一瞬の沈黙。〉

一同
〈互いに顔を見合わせながら〉
こいつの、
そしてあいつの
驚いた顔に、
ためらいと疑惑の
渦が読みとれる。
これは妙だ。

ドン・マニーフィコ
〈シンデレラを引きずり、奥歯をかみながら〉
もし、お前が
一音節でも口を動かせば
ここに墓を
立ててやるぞ。

シンデレラ
〈懸命に〉
ああ、私を助けて下さい、
ああ、私を見捨てないで下さい、
ああ! 不憫な私は
どうなってしまうの?

ラミーロ
さあ、心を鎮めて下さい。
旦那様、彼女を離してやって下さい。
〈彼女をドン・マニーフィコから離し〉
〔俺の怒りは
益々つのる。〕

アリドーロ
〈間に割って入り〉
さあ、そう騒ぎ立てずに。
静かにして下さい。
さもないと、くだらない
スキャンダルが生まれますよ。

ダンディーニ
私は王子、
それとも、ただのキャベツとでも?
貴殿を地獄に送りますよ、
こちらに来なさい。
〈シンデレラをドン・マニーフィコから引き離し、彼を連れて出て行く。〉
〈一同、ダンディーニに続く。
シンデレラは部屋に駆け出す。
中央の扉が閉められる。
ほとんど同時にアリドーロが乞食の姿をして再び登場する〉

Scena VII

Dopo qualche momento di silenzio entra Alidoro in abito di pellegrino con gli abiti da filosofo sotto, indi Cenerentola.

ALIDORO
Grazie, vezzi, beltà scontrar potrai
Ad ogni passo; ma bontà, innocenza,
Se non si cerca, non si trova mai.
Gran ruota è il mondo...
(chiama verso la camera di Cenerentola)
Figlia!

CENERENTOLA
(esce e rimane sorpresa)
Figlia voi mi chiamate? O questa è bella!
Il padrigno Barone
Non vuole essermi padre, e voi...

ALIDORO
Tacete.
Venite meco.

CENERENTOLA
E dove?

ALIDORO
Or ora un cocchio
S'appresserà. Del Principe
Anderemo al festin.

CENERENTOLA
(guardando lui, e le accenna gli abiti)
Con questi stracci?
Come Paris e Vienna? oh che bell'ambo.
(Nel momento che si volge, Alidoro gitta il manto.)

ALIDORO
Osservate. Silenzio. Abiti, gioie,
Tutto avrete da me. Fasto, ricchezza
Non v'abbaglino il cor. Dama sarete;
Scoprirvi non dovreste. Amor soltanto
Tutto v'insegnerà.

CENERENTOLA
Ma questa è storia
Oppure una commedia?

ALIDORO
Figlia mia,
L'allegrezza e la pena
Son commedia e tragedia, e il mondo è scena.
Il mondo è un gran teatro.
Siam tutti commedianti.
Si può fra brevi istanti
Carattere cangiar.
Quel ch'oggi è un Arlecchino
Battuto dal padrone,
Domani è un signorone,
Un uomo d'alto affar.
Tra misteriose nuvole
Che l'occhio uman non penetra
Sta scritto quel carattere
Che devi recitar.
(S'ode avvicinare una carrozza.)
Odo del cocchio crescere
Il prossimo fragore...

【第7景】【注 22頁※印 参照のこと】

しばらくの沈黙の後、、アリドーロが哲学者の衣装の上に
巡礼者の衣装を着て登場。続いてシンデレラ。

アリドーロ
優雅さ、愛らしさ、美しさには至る所で
巡り合える事が出来る。だが、善良なる心、
純真さは、探さなければ決して見つからない…
この世は大きな車輪のようなもの…
〈シンデレラの部屋に向かって叫ぶ。〉
娘よ!

シンデレラ
〈出て来るが驚いて立ち止まる〉
私を娘さんと呼びました? なんて素敵なの!
養父の男爵は
私の父であることを望んでいません。なのに、あなたは…

アリドーロ
あなたは話さなくて良いのですよ、
私と一緒に来なさい。

シンデレラ
どこに?

アリドーロ
今すぐ、馬車が
やって来る。
王子の饗宴に行くのだ。

シンデレラ
〈自分とアリドーロを見て〉
このボロのままで?
パリにウイーン? まあ、どちらも素敵ね。
〈振り向きざまにアリドーロはマントを投げ捨てる〉

アリドーロ
御覧。黙って! 衣装も宝石も
すべて私が用意しよう。贅沢も富も
お前の心を惑わすことはない。お前は貴婦人となるのだ。
正体を明かしてはいけない。愛だけが
すべてをお前に教えてくれるだろう。

シンデレラ
これは夢物語、
それとも喜劇なの?

アリドーロ
わが娘よ、
陽気さと苦悩は
喜劇であり悲劇、そして、この世は舞台。
この世は広大なる劇場。
我々は皆喜劇役者。
ほんの少しの間なら
役柄を変更することも出来るのだ。
主人に痛い目を合わされる
アルレッキーノ役が今日なら、
明日は大富豪、
要職に就く紳士ともなる。
人間の眼では見抜けない
神秘的な天上の雲間には
お前が演じなければならない役柄が
はっきりと記載されているのだ。
〈馬車の近づく音が聞こえてくる〉
馬車の近づく音が
次第に大きく聞こえてくる…

Figlia, t'inseigni il core,
Colui che devi amar.

Aprono la porta; vedesi una carrozza. Cenerentola vi monta.
Alidoro chiude la porta e sentesi la partenza della carrozza.
Gabinetto nel casino di Don Ramiro.

Scena VIII

Dandini entrando con Clorinda e Tisbe sotto il braccio;
Don Magnifico e Don Ramiro.

DANDINI
Ma bravo, bravo, bravo!
Caro il mio Don Magnifico! Di vigne,
Di vendemmie e di vino
M'avete fatto una disertazione,
Lodo il vostro talento
Si vede che ha studiato.
(a Don Ramiro)
Si porti sul momento
Dove sta il nostro vino conservato
E se sta saldo e intrepido
Al trigesimo assaggio
Lo promovo all'onor di cantiniero
Io distinguo i talenti e premio il saggio.

DON MAGNIFICO
Prence! L'Altezza Vostra
E un pozzo di bontà. Più se ne cava,
Più ne resta a cavar.
(piano alle figlie)
(Figlie! Vedete?
Non regge al vostro merto;
N'è la mia promozion indizio certo.)
(forte)
Clorinduccia, Tisbina,
Tenete allegro il Re. Vado in cantina.
(parte)

RAMIRO
(piano a Dandini)
(Esamina, disvela, e fedelmente
Tutto mi narrerai. Anch'io fra poco
Il cor ne tenterò. Del volto i vezzi
Svaniscon con l'età. Ma il core...)

DANDINI
(Il core
Credo che sia un melon tagliato a fette,
Un timballo l'ingegno,
E il cervello una casa spigionata.)
(forte, come seguendo il discorso fatto sottovoce)
Il mio voler ha forza d'un editto.
Eseguite trottando il cenno mio.
Udiste?

RAMIRO
Udii.

DANDINI
Fido vassallo, addio.
(Parte Don Ramiro.)

Scena IX

DANDINI, CLORINDA e TISBE.

その心が、お前が愛すべき人に
娘よ、導いてくれるのだ。

扉が開かれ、一台の馬車が見える。シンデレラは馬車に乗り込む。
アリドーロは扉を閉め、馬車の出立を確認する。
ドン・ラミーロ邸の執務室。

【第8景】

ダンディーニがクロリンダ、ティスベと腕を組んで登場。
ドン・マニーフィコとドン・ラミーロ。

ダンディーニ
ご立派、ご立派、ご立派!
わが親愛なるドン・マニーフィコ殿! 葡萄畑、
葡萄の収穫、それに葡萄酒について
延々となされた講義、
その才能に感服いたします。
随分予習してこられた御様子。
〈ドン・ラミーロに〉
それでは、今すぐ
わが酒蔵へと場を移そう。
もし、三十種類もの葡萄酒の銘柄を
ひとつ残らず当てたなら、
酒蔵番の名誉を与えようではないか。
私が才能を認めれば、その賢者には褒美を与える。

ドン・マニーフィコ
王子! いや殿下、
あなた様は善意の井戸。掘っても掘っても
まだ掘り尽くせない。
〈小声で娘たちに〉
〔お前達! 聞いたかね?
お前達に負んぶに抱っこなど滅相もない、
わしは自分で自分を売り込むのじゃ。〕
〈大声で〉
クロリンダちゃん、ティスベちゃん、
殿下を退屈させぬようにな。わしは酒蔵へ行く。
〈退場。〉

ラミーロ
〈小声でダンディーニに〉
〔試すのだ、真実を見逃してはならぬ、
そして私に、すべてをありのままに話してくれ。
私も後で心を探ってみよう。加齢とともに
うわべの美しさは衰えるもの。だが心は… 〕

ダンディーニ
〔私が思うに、心は
薄切りにしたメロン、
才覚はティンパニー、
しかも脳ミソは空いたままの借家。〕
〈小声で話していた流れを断ち切り、大声で〉
余の意志は勅令のごとく確固としている、
余の指示に従い行動するのだ!
良いかな?

ラミーロ
かしこまりました。

ダンディーニ
忠実なる従者よ、行け。
〈ドン・ラミーロ退場。〉

【第9景】

ダンディーニ、クロリンダおよびティスベ。

DANDINI
(alle donne)
Ora sono da voi. Scommetterei
Che siete fatte al torno
E che il guercetto amore
È stato il tornitore.

CLORINDA
(tirando a sé Dandin)
Con permesso:
(La maggiore son io, onde la prego
Darmi la preferenza.)

TISBE
(come sopra)
Con sua buona licenza
(La minore son io.
M'invecchierò più tardi.)

CLORINDA
Scusi. (Quella è fanciulla.
Proprio non sa di nulla.)

TISBE
Permetta. (Quella è un'acqua senza sale,
Non fa né ben né male.)

CLORINDA
Di grazia. (I dritti miei
La prego bilanciar.)

TISBE
Perdoni. (Veda,
Io non tengo rossetto.)

CLORINDA
Ascolti.
(Quel suo bianco è di bianchetto.)

TISBE
Senta...

CLORINDA
Mi favorisca...

DANDINI
(sbarazzandosi con un poco di collera)
Anime belle!
Mi volete spaccar? Non dubitate.
Ho due occhi reali
E non adopro occhiali
(a Tisbe) (1)
Fidati pur di me,
Mio caro oggetto.
(a Clorinda)
Per te sola mi batte il core in petto.
(parte)

〈1〉この箇所の台詞はもともと以下のようであった。

(a Clorinda) 〈クロリンダに〉
Fidati pur di me. 私を信じなさい。
(a Tisbe) 〈ティスベに〉
Sta' allegra o cara. もっと陽気におなりなさい。
A rivederci presto alla Longara. それでは、しかるべきところで再会を。
(parte) 〈退場する〉

TISBE
M'inchino a Vostr'Altezza.

CLORINDA
Anzi all'Altezza Vostra.
(Ironicamente fra loro.)

TISBE
Verrò a portarle qualche memoriale.

CLORINDA
Lectum.

TISBE
Ce la vedremo.

CLORINDA
Forse sì, forse no.

TISBE
Poter del mondo!

CLORINDA
Le faccio riverenza!

TISBE
Oh! mi sprofondo!
(Partono da parti opposte.)

クロリンダ
いえ、私は敬意を陛下に。
〈互いに皮肉っぽく〉

ティスベ
私、嘆願書を持ってまいります。

クロリンダ
拝読いたしましょう。

ティスベ
…致しましょう。

クロリンダ
そうでもあるし、そうでもないし…

ティスベ
やるだけやって!

クロリンダ
敬意を持って!

ティスベ
勿論、深々と!
〈それぞれ反対の方向に退場。〉

Deliziosa nel Casino del Principe Don Ramiro.

Scena X

Don Magnifico a cui i cavalieri pongono un mantello color ponsò con ricami in argento di grappoli d'uva, e gli saltano intorno battendo i piedi in tempo di musica. Tavolini con recapito da scrivere.

CORO
Conciosiacosaché
Trenta botti già gustò!
E bevuto ha già per tre
E finor non barcollò!
E piaciuto a Sua Maestà
Nominarlo cantinier.
Intendente dei bicchier
Con estesa autorità.
Presidente al vendemmiar.
Direttor dell'evoè;
Onde tutti intorno a te
S'affolliamo qui a saltar.

DON MAGNIFICO
Intendente! Direttor!
Presidente! Cantinier!
Grazie, grazie; che piacer!
Che girandola ho nel cor.
Si venga a scrivere
Quel che dettiamo.
(Pongonsi intorno ai tavolini, e scrivono.)
Sei mila copie
Poi ne vogliamo.

CORO
Già pronti a scrivere
Tutti siam qui.

DON MAGNIFICO
Noi Don Magnifico...
(osservando come scrivono)

ドン・ラミーロ王子の館の豪華な酒蔵。

【第10景】

葡萄の房が銀糸で刺繍された発色の良い緋色のマントを纏ったドン・マニーフィコと、彼を取りまく騎士たち。彼らは音楽にあわせ足を打ち鳴らしながら跳躍している。筆記道具の置かれたいくつかの小机。

合唱
もう、三十樽を利き酒し、
あっと言う間に
飲み干したというのにもかかわらず、
酔いはしなかった!
陛下は殊のほかお気に召され
彼を酒蔵番にと指名された。
酒蔵監督官は
絶大な権限を手にしている。
葡萄収穫期には総司令官、
バッカス祭においては指揮官、
あちらでは皆があなたを取り囲み
ここでは飛んだり跳ねたりの大騒ぎ。

ドン・マニーフィコ
監督官! 指揮官!
総司令官! 酒蔵番!
ありがとう、ありがとう、何という喜び!
歓喜のあまり心臓が破れそうだ!
書き留めて下され
今、申し述べた事を。
〈皆、小机の周りに集まり、書く。〉
六千部の写しが
欲しいものだ。

合唱
書く準備は整った、
皆、ここに集まっています。

ドン・マニーフィコ
我等がドン・マニーフィコ…
〈彼らがどう書くか良く注意しながら〉

Questo in maiuscole.	ここは、大文字で。
Bestie! maiuscole.	馬鹿ども! 大文字だ。
Bravi! così.	よろしい! そうそう。
Noi Don Magnifico	我等がドン・マニーフィコ、
Duca e Barone	伝統ある
Dell 'antichissimo	モンテフィアスコーネの
Montefiascone;	領主にして男爵。
Grand'intendente;	総監督官、
Gran presidente,	総司令官、
Con gli altri titoli	まだまだ他の称号を
Con venti etcetera,	二十ほど並べて、
Di nostra propria	肩書きは
Autorità,	多いに越した事はない、
Riceva l'ordine	それを読む人は皆、
Chi leggerà,	命令に従うというわけだ。
Di più non mescere	十五年の間は、
Per anni quindici	美味な葡萄酒に
Nel vino amabile	一滴の水も、
D'acqua una gocciola.	混ぜてはならぬ。
Alias capietur	違反した時には逮捕し
Et stranguletur	その者は絞首刑とする。
Perché ita etcetera	理由はこれこれなどなど…
Laonde etcetera	それ故にかくかくしかじか…
Barone etcetera.	男爵うんぬん…
(sottoscrivendosi)	〈強調して書きながら〉

CORO 合唱
Barone etcetera; 男爵うんぬん、と。
È fatto già. 出来ました。

DON MAGNIFICO ドン・マニーフィコ
Ora affiggetelo 直ちに街じゅうに
Per la città. 掲示してくるのだ。

CORO 合唱
Il pranzo in ordine 我々は、宴の支度に
Andiamo a mettere. 参りましょう。
Vino a diluvio 大量の葡萄酒が
Si beverà. 飲み干されるでしょう。

DON MAGNIFICO ドン・マニーフィコ
Premio bellissimo 褒賞として
Di piastre sedici ピアストラ金貨十六枚を
A chi più Malaga マラガ産の葡萄酒を
Si succhierà. より多く飲んだ者に与えよう。
(Partono saltando attorno a Don Magnifico.) 〈一同、ドン・マニーフィコの周りを飛び跳ねながら退場する〉

Scena XI 【第11景】
Dandini e Don Ramiro correndo sul davanti del palco, osservando per ogni parte. ダンディーニとドン・ラミーロは舞台前方を走り、あちらこちらを観察している。

RAMIRO ラミーロ
(sotto voce) 〈小声で〉
Zitto zitto, piano piano; しぃー、しぃー。そーっと、そーっと。
Senza strepito e rumore: 大声出さずに、音たてず…
Delle due qual è l'umore? 二人のうちどちらが好みだ?
Esattezza e verità. 正直に、そして真実を。

DANDINI ダンディーニ
Sotto voce a mezzo tuono; いつもの半分の声で、
In estrema confidenza: 極端に親しみを込めて…
Sono un misto d'insolenza, あの二人には横柄さ、
Di capriccio e vanità. 気まぐれ、さらに虚栄が混在しております。

RAMIRO
E Alidoro mi dicea
Che una figlia del Barone...

DANDINI
Eh! il maestro ha un gran testone.
Oca eguale non si dà.
(Son due vere banderuole...
Mi convien dissimular.)

RAMIRO
(Se le sposi pur chi vuole...
Seguitiamo a recitar.)

Scena XII
Clorinda, accorrendo da una parte, e Tisbe dall'altra.

CLORINDA
(di dentro)
Principino dove state?

TISBE
Principino dove state?

CLORINDA e TISBE
Ah! perché mi abbandonate?
Mi farete disperar.

CLORINDA
Io vi voglio...

TISBE
Vi vogl'io...

DANDINI
Ma non diamo in bagattelle.
Maritarsi a due sorelle
Tutte insieme non si può!
Una sposa.

CLORINDA e TISBE
(con interesse di smania)
E l'altra?...

DANDINI
E l'altra...
(accennando Ramiro)
All'amico la darò.

CLORINDA e TISBE
No no no no no,
Un scudiero! oibò oibò!

RAMIRO
(ponendosi loro in mezzo con dolcezza)
Sarò docile, amoroso,
Tenerissimo di cuore.

CLORINDA e TISBE
(guardandolo con disprezzo)
Un scudicro! No signore.
Un scudiero! questo no.

CLORINDA
Con un'anima plebèa!

TISBE
Con un'aria dozzinale!

CLORINDA e TISBE
(con affettazione)

ラミーロ
だが、アリドーロは私に言っていた
男爵の娘のひとりは…

ダンディーニ
ああ! 哲学者は頭がかたく、
まったく鵞鳥も同然ですよ!
〔あの二人は正真正銘移り気で…
でも、気づかぬ振りをしておきましょう。〕

ラミーロ
〔自分の望む者を娶ろうと思うのなら…
芝居を続けることだ。〕

【第12景】
一方からクロリンダが、もう一方からティスベが駆けつける。

クロリンダ
〈舞台裏で〉
どちらに、王子ちゃま?

ティスベ
王子ちゃま、どちら?

クロリンダ、ティスベ
ああ、どうして私をおいてきぼりに?
私を悲しませるなんて。

クロリンダ
私はあなたを… 愛しているのです。

ティスベ
愛しているのはこの私。

ダンディーニ
しかし無意味なことはよしましょう。
ふたりの女性と婚姻など
出来る相談ではありません!
妻はひとり。

クロリンダ、ティスベ
〈不安気に〉
じゃあ残りは?…

ダンディーニ
もうひとりは…
〈ラミーロを指差しながら〉
その一人は、あの友人にやろう!

クロリンダ、ティスベ
いや、いや、いや、いや、いや、
従者なんか! 冗談、冗談でしょ!

ラミーロ
〈姉妹の間に優しく割って入りながら〉
私は素直で、愛情深く、
心は優しすぎるほどですが…

クロリンダ、ティスベ
〈軽蔑して彼を見る〉
従者! いやです。
従者なんか! それは没。

クロリンダ
下賤な心根!

ティスベ
安っぽい雰囲気!

クロリンダ、ティスベ
〈気取って〉

Mi fa male, mi fa male
Solamente a immaginar.

RAMIRO e DANDINI
(fra loro ridono)
La scenetta è originale
Veramente da contar.

Scena XIII
Coro di cavalieri dentro le scene, indi Alidoro.

CORO
Venga, inoltri, avanzi il piè.
Anticamera non v'è.

RAMIRO e DANDINI
Sapientissimo Alidoro,
Questo strepito cos'è?

ALIDORO
Dama incognita qua vien.
Sopra il volto un velo tien.

CLORINDA e TISBE
Una dama!

ALIDORO
Signor sì.

CLORINDA, TISBE, RAMIRO e DANDINI
Ma chi è?

ALIDORO
Nol palesò.

CLORINDA e TISBE
Sarà bella?

ALIDORO
Sì e no.

RAMIRO e DANDINI
Chi sarà?

ALIDORO
Ma non si sa.

CLORINDA
Non parlò?

ALIDORO
Signora no.

TISBE
E qui vien?

ALIDORO
Chi sa perché?

TUTTI
Chi sarà? chi è? perché?
Non si sa. Si vedrà.
(Momento di silenzio.)

CLORINDA e TISBE
(Gelosia già già mi lacera,
Già il cervel più in me non è.)

ALIDORO
(Gelosia già già le rosica,
Più il cervello in lor non è.)

気持ち悪い… 不愉快…
ただ想像するだけで…

ラミーロ、ダンディーニ
〈互いに笑って〉
非常にユニークな光景だ、
真実、評価に値する…

【第13景】
舞台裏で騎士たちの合唱、続いてアリドーロ。

合唱
さあ、そのまま奥にお入りください。
控えの間はございません。

ラミーロ、ダンディーニ
知恵袋のアリドーロ師、
この騒ぎは一体何なのですか?

アリドーロ
見知らぬ貴婦人がここにお見えですが…
顔はヴェールで覆われている…

クロリンダ、ティスベ
貴婦人が!

アリドーロ
そうですとも。

クロリンダ、ティスベ、ラミーロ、ダンディーニ
それはどなた?

アリドーロ
そこまでは…

クロリンダ、ティスベ
綺麗な方?

アリドーロ
そうでもあり、そうでもなく…

ラミーロ、ダンディーニ
誰だろう?

アリドーロ
それは、わかりません。

クロリンダ
その人は何も話さなかったの?

アリドーロ
何も…

ティスベ
ここに来るという事は…

アリドーロ
その理由は不明で…

一同
どなた? 誰? わけは?
今は不明でもそのうちわかるだろう。
〈一瞬の沈黙。〉

クロリンダ、ティスベ
〔もう嫉妬の心が私を攻めつけているわ、
もう、頭から脳ミソがなくなったみたい。〕

アリドーロ
〔もう、嫉妬の心があの二人を虫食んでいる
すでに脳ミソが溶けてしまったようだ。〕

RAMIRO
(Un ignoto arcano palpito
Ora m'agita, perché?)

DANDINI
(Diventato son di zucchero:
Quante mosche intorno a me.)
(Dandini fa cenno ad Alidoro d'introdurre la dama.)

Scena XIV
Cavalieri che precedono e schieransi in doppia fila per ricevere Cenerentola, che, in abito ricco ed elegante, avanzasi velata.

CORO
Ah! se velata ancor
Dal seno il cor ci ha tolto,
Se svelerai quel volto
Che sarà?

CENERENTOLA
Sprezzo quei don che versa
Fortuna capricciosa.
M'offra chi mi vuol sposa,
Rispetto, amor, bontà.

RAMIRO
(Di quella voce il suono
Ignoto al cor non scende;
Perché la speme accende,
Di me maggior mi fa.)

DANDINI
Begli occhi che dal velo
Vibrate un raggio acuto,
Svelatevi un minuto
Almen per civiltà.

CLORINDA e TISBE
(Vedremo il gran miracolo
Di questa rarità.)

(Cenerentola svelasi. Momento di sorpresa, di riconoscimento, d'incertezza.)

TUTTI
(eccetto Cenerentola)
Ah!

(Ciascuno da sé guardando Cenerentola, e Cenerentola soggguardando Ramiro.)

TUTTI
(tranne Alidoro)
(Parlar - pensar - vorrei.
Parlar - pensar - non so.
Questo è un inganno, o dei!
Quel volto mi atterrò.)

ALIDORO
(Parlar - pensar - vorrebbe
Parlar - pensar - non può.
Amar già la dovrebbe,
Il colpo non sbagliò.)

Scena XV
Don Magnifico accorrendo, e detti.

ラミーロ
〔何とも不思議な胸のときめきが
今、僕を襲う。どうしてだろう?〕

ダンディーニ
〔僕は砂糖になったのか、
僕の周りにこの蝿どもが!〕
〈ダンディーニは、その貴婦人を連れて来るようにアリドーロに合図する。〉

【第14景】
騎士たちと淑女達が、豪華で気品あふれる衣装を身に纏い、
ヴェールをつけたシンデレラを連れて来る。

合唱
ああ!まだヴェールで顔を覆っているのに
胸から心臓が飛び出しそうだ…
その顔からヴェールをとったら
一体どうなってしまうのだろう?

シンデレラ
私は気まぐれな幸運を注ぐ方々を
軽蔑しますわ。
私を花嫁に迎える人は、尊敬と、愛と、
善意に満ちていなければならないわ。

ラミーロ
〔あの声の不思議な響きは、
私の心から消え去ることがない。
希望の炎が心にともると
私を尚一層大きくさせてくれるようだ。〕

ダンディーニ
何と美しい瞳、ヴェールを通して
胸を刺すような眼差しを投げかける、
一瞬でいい、ヴェールをとって下さい
少なくとも礼儀として。

クロリンダ、ティスベ
〔この珍事が、奇跡となるかどうか
見てみましょう。〕

〈シンデレラはヴェールをとる。見覚えあるが、
定かではないという驚きの一瞬。〉

一同
〈シンデレラを除いて〉
ああ!!

〈各々がシンデレラを見詰める、
シンデレラは、そっとラミーロに目をやる。〉

一同
〈アリドーロを除いて〉
〔話す…思う…そうしたい…
語る…思う…出来ない…
これは、何かの間違い、ああ!
あの顔が私の心を乱す。〕

アリドーロ
〔話しかけたがっている、思いたがっている、
でも、それが出来ない。
彼は、もうあの娘を愛しているに違いない、
打った手に間違いはなかった。〕

【第15景】
駆けつけるドン・マニーフィコと前景の人々。

La Cenerentola ossia La bontà in trionfo di G. Rossini

DON MAGNIFICO
Signor Altezza, in tavola
Che... co... chi... sì... che bestia!
Quando si dice i simili!
Non sembra Cenerentola?

CLORINDA e TISBE
Pareva ancora a noi,
Ma a riguardarla poi...
La nostra è goffa e attratta,
Questa è un po' più ben fatta;
Ma poi non è una Venere
Da farci spaventar.

DON MAGNIFICO
Quella sta nella cenere;
Ha stracci sol per abiti.

CENERENTOLA e ALIDORO
(Il vecchio guarda e dubita.)

RAMIRO
(Mi guarda, e par che palpiti.)

DANDINI
Ma non facciam le statue.
Patisce l'individuo:
Andiamo presto in tavola.
Poi balleremo il Taice,
E quindi la bellissima...
Con me s'ha da sposar.

TUTTI
(meno Dandini)
Andiamo, andiamo a tavola.
Si voli a giubilar.

DANDINI
Oggi che fo da Principe
Per quattro io vuo' mangiar.

TUTTI
Mi par d'essere sognando
Fra giardini e fra boschetti;
I ruscelli sussurrando,
Gorgheggiando gli augelletti,
In un mare di delizie
Fanno l'anima nuotar.
Ma ho timor che sotto terra
Piano piano a poco a poco
Si sviluppi un certo foco.
E improvviso a tutti ignoto
Balzi fuori un terremoto,
Che crollando, strepitando
Fracassando, sconquassando
Poi mi venga a risvegliar.
E ho paura che il mio sogno
Vada in fumo a dileguar.

Scena VII

ドン・マニーフィコ
殿下、宴席に
な、なんだ… えっ… まさか!
似ているといっても、これほど!!
シンデレラにしか見えないが?

クロリンダ、ティスベ
私達もそのような気がして、
でも、よーく見ると… それに…
うちのは不細工で、のろまだけど、
こっちの方がまだましね。
それにも増してヴィーナスでもないし、
驚くに値しないわ。

ドン・マニーフィコ
あいつは、灰にまみれているはず、
持っている服といえば、みなボロだし。

シンデレラ、アリドーロ
〔男爵は、こちらを見て疑っている。〕

ラミーロ
〔彼女が僕を見ている、彼女も胸が高鳴っているようだ。〕

ダンディーニ
突っ立っているのは、もうこの辺で、
疲れるだけですから。
さあさあ、宴席の方へ、
その後、ファンダンゴでも踊りましょう。
そして、一番美しい娘が…
私と結婚する権利を持つのです。

一同
〈ダンディーニを除く〉
行きましょう、宴に、さあ行きましょう、
喜びに向かって、さあ!

ダンディーニ
〔王子役を演じている今日は、
存分に食べてやろう〕

一同
まるで夢を見ながら
庭や森にいるような気分。
小川はさらさら流れ
小鳥たちはさえずり
歓喜の海の中に
魂がただよう…
それにしても心配だ…
徐々に静かに
地の底から、ある火の手があがるのが。
そして突然、皆が知らぬ間に
地が揺れる、
何という揺れ、何という騒ぎ、
何という崩壊、何という混乱
そして私を目覚めさせる。
私は恐れる、私の夢が
煙のように消え去るのを。

注※【第7景】14頁参照
ロッシーニがこの作品を完成させるために、他の作曲家の手を借りた
ことは今日では立証されている。
特に、第7景は、ルーカ・アゴリーニによって作曲された。
また、台本にも推敲のあとが見られ、大きく変化している。
ラ・チェネレントラのレチタティーヴォにも多くの手が加えられ、
ロッシーニの助手達によって作曲された部分が散見される。

Dopo qualche momento di silenzio entra Alidoro,
in abito da pellegrino, con gli abiti da filosofo sotto;
indi Cenerentola.

ALIDORO
Sì, tutto cangerà. Quel folle orgoglio
Poca polve sarà, gioco del vento;
E al tenero lamento
Succederà il sorriso.
(chiama verso la camera di Cenerentola)
Figlia... Figlia...

CENERENTOLA
(esce e rimane sorpresa)
Figlia voi mi chiamate? Oh questa è bella!
Il padrigno Barone
Non vuole essermi padre; e voi... Per altro
Guardando i stracci vostri e i stracci miei,
Degna d'un padre tal figlia sarei.

ALIDORO
Taci, figlia, e vien meco.

CENERENTOLA
Teco, e dove?

ALIDORO
Del Principe al festino.

CENERENTOLA
Ma dimmi, pellegrino:
Perché t'ho data poca colazione,
Tu mi vieni a burlar? Va' via... va' via!
Voglio serrar la porta...
Possono entrar de' ladri, e allora... e allora...
Starei fresca davvero.

ALIDORO
No! Sublima il pensiero!
Tutto cangiò per te!
Calpesterai men che fango i tesori,
Rapirai tutti i cuori.
Vien meco e non temer:
Per te dall'Alto
M'ispira un Nume a cui non crolla il trono.
E se dubiti ancor, mira chi sono!
(Nel momento che si volge, Alidoro getta il manto.)
Là del ciel nell'arcano profondo,
Del poter sull'altissimo Trono
Veglia un Nume, signore del mondo,
Al cui piè basso mormora il tuono.
Tutto sa, tutto vede, e non lascia
Nell'ambascia perir la bontà.
Fra la cenere, il pianto, l'affanno,
Ei ti vede, o fanciulla innocente,
E cangiando il tuo stato tiranno,
Fra l'orror vibra un lampo innocente.
Non temer, si è cambiata la scena:
La tua pena cangiando già va.
(S'ode avvicinarsi una carrozza.)
Un crescente mormorio
Non ti sembra d'ascoltar?..
Ah sta' lieta: è il cocchio mio
Su cui voli a trionfar.
Tu mi guardi, ti confondi...

しばらくの沈黙の後、、アリドーロが哲学者の衣装に
巡礼者の服装を重ね着して登場する。
続いてシンデレラ。

アリドーロ
そう、全てが変わるのだ。偽りの傲慢さは
塵芥のように風のひと吹きで飛び散り、
心優しき者の嘆きは
微笑みにかわるだろう。
〈シンデレラの部屋に向かって叫ぶ。〉
娘よ… 娘よ…

シンデレラ
〈出て来ると驚いて立ち止まる〉
私を娘さんと呼びました？ああ、うれしいわ！
養父である男爵は
私の父であることを望んでいません。なのに、あなたは…
あなたの貧相な服と、私のボロからすれば
こういう父親にふさわしい、それなりの娘ですわね。

アリドーロ
娘よ、黙って私について来なさい。

シンデレラ
あなたと、一体どこに？

アリドーロ
王子の晩餐会に。

シンデレラ
ねえ、巡礼のかた、
私が少ししか食べ物を与えなかったので
からかいにいらしたのね？それなら、出て行って！
扉を閉めるから！
泥棒にでも入られれば、その時は… その時は…
私がこっぴどく叱られるのよ。

アリドーロ
そうではない！お前の考えは高い徳に値する！
何もかも変わったのだ！
お前は泥から宝石を生み出し、
人々の心に活きづかせる。
私についてきなさい、恐れることはない！
お前に、決して崩れることのない
天上の玉座から神が私を通して話しておられるのだ。
もしいまだに疑うのであれば、私が誰か見るがいい！
〈振り向くや否やアリドーロはマントを脱ぎ捨てる〉
天の神秘の深みの中
至上の玉座にまします神…
この世の主が見ておられるのだ…
その足元には雷鳴がとどろいている！
何もかもお見通しのお方は
美徳を苦悩の中で消し去ることはなさらない。
灰と、涙と、苦悩の狭間で
清廉潔白な娘よ、神はお前をご覧になり、
お前の残酷な運命を変えながら
恐怖の間に間に、雷の閃光を投げかけられる！
恐れることはない、舞台は転換されたのだ…
お前の苦痛はもう消え去ろうとしている！
〈一台の馬車が近づく音が聞こえる〉
あの近づいてくる音が
お前には聞こえないかね？
ああ、お前は幸せになるのだ、
私の馬車に乗り、栄光に向かって飛び出すのだ！
お前は私を見て混乱しているが…

Ehi ragazza, non rispondi?!	さあ、娘よ、答えないのか?!
Sconcertata è la tua testa	お前の頭はおおいに当惑し、
E rimbalza qua e là,	あちらこちらに飛び跳ねているようだ…
Come nave in gran tempesta	嵐の中の小船のように
Che di sotto in su sen va.	下から上にうねっているようだ。
Ma già il nembo è terminato,	だが、もう黒雲は過ぎ去り、
Scintillò serenità.	太陽が輝いたのだ。
Il destino s'è cangiato,	運命は変わったのだ、
L'innocenza brillerà.	その清廉な心が輝くだろう。
(Aprono la porta; vedesi una carrozza.	〈扉が開かれ、一台の馬車が見える。
Cenerentola vi monta, Alidoro chiude la porta	シンデレラは馬車に乗り込む。アリドーロは扉を閉め、
e sentesi la partenza della carrozza.)	馬車の出立を確認する。〉
(Prosegui con la scena ottava.)	〈第8景に続く〉

La Cenerentola ossia La bontà in trionfo di G. Rossini

Atto II

第2幕

Gabinetto nel palazzo di Don Ramiro.

ドン・ラミーロの館の一室。

Scena I

【第1景】

Cavalieri, Don Magnifico, entrando con Clorinda e Tisbe sotto il braccio, ed osservando i cavalieri che partono.

騎士たち、ドン・マニーフィコがクロリンダ、ティスベに腕組みされて登場。
彼女たちは部屋から出てゆく騎士たちを注意深く観察している。

CORO
Ah! Della bella incognita
L'arrivo inaspettato
Peggior assai del fulmine
Per certe ninfe è stato.
La guardano e tarroccano;
Sorridono, ma fremono;
Hanno una lima in core
Che a consumar le va.
Guardate ! Già regnavano.
Ci ho gusto. Ah ah ah ah.
(partono deridendole)

合唱
見知らぬ美女の
思いがけない登場は
稲妻よりもずっと激しく
きっと妖精たちの仕業か…
彼女を見詰め、ひとりごとをつぶやき
微笑みながらも、震えてもいる…
彼女たちは心臓にヤスリを持っていて
何とか消耗させようとはするけれど…
見てみろ! 徒党を組んで出てくるぞ!
ざまあみろ! あっはっは、あっはっは。
〈彼らは嘲笑しながら退場する〉

DON MAGNIFICO
(in collera caricata)
Mi par che quei birbanti
Ridessero di noi sotto-cappotto.
Corpo del mosto cotto,
Fo un cavaliericidio.

ドン・マニーフィコ
〈怒りが爆発して〉
あのならず者どもが
陰でわしらをあざわらっているようだ。
死んで当然の奴等、
皆殺しにしてやる。

TISBE
Papà, non v'inquietate.

ティスベ
お父さん、落ち着いて頂戴。

DON MAGNIFICO
(passeggiando)
Ho nella testa
Quattro mila pensieri. Ci mancava
Quella madama anonima.

ドン・マニーフィコ
〈歩き回りながら〉
わしは頭の中に
四千もの考えがあるのだが… 問題は
あの誰なのか判別できない女だ!

CLORINDA
E credete
Che del Principe il core ci contrasti?
Somiglia Cenerentola e vi basti.

クロリンダ
では、想像しているの、
王子の心が私達を裏切るとでも…
シンデレラに似ている、それだけよ。

DON MAGNIFICO
Somiglia tanto e tanto
Che son due gocce d'acqua, e quando a pranzo
Faceva un certo verso con la bocca,
Brontolavo fra me: per bacco, è lei.
Ma come dagli Ebrei
Prender l'abito a nolo! aver coraggio
Di venire fra noi?
E poi parlar coi linci e squinci? e poi
Starsene con sì gran disinvoltura,
E non temere una schiaffeggiatura?

ドン・マニーフィコ
こんなに、こんなに良く似た
ふた粒の水滴。それに宴席で、
口がある動きをした時、
わしははからずも呟いた…〈まさか… あいつだ!〉
それにしても、ヘブライ人よろしく
どうやって衣裳を借り受けたのか?
それに、我々のそばにやって来る度胸があるか?
さらに、あんなに勿体つけた話し方をする度胸があるか?
あれほど厚顔に居すわり続け、
殴られる事さえ恐れない度胸があるか?

TISBE
Già già questa figliastra
Fino in chi la somiglia è a noi funesta.

ティスベ
そうよ、そうよ、あの血の繋がらない娘に
似ているだけでも私たちには不幸なことよ。

DON MAGNIFICO Ma tu sai che tempesta Mi piomberebbe addosso, Se scuopre alcun come ho dilapidato Il patrimonio suo! Per abbigliarvi, Al verde l'ho ridotto. È diventato Un vero sacco d'ossa. Ah se si scopre, Avrei trovato il resto del carlino.	**ドン・マニーフィコ** わしに災難が降りかかるのが お前にはわかるだろう… もし、誰かに あの娘の財産を猫ババした事が バレでもしたら! お前達を着飾らせるために あの娘を一文無しにして… その結果、あの娘は骨と 皮袋だけになったのだぞ。ああ、もし露見すれば、 わしに残されるのは、2ユーロぐらいなものだろう!
CLORINDA *(con aria di mistero)* E paventar potete a noi vicino?	**クロリンダ** 〈何かいわくありげに〉 たとえ私達がついていても心配なの?
DON MAGNIFICO Vi son buone speranze?	**ドン・マニーフィコ** 暖かい希望があるとでも?
CLORINDA Eh! niente niente.	**クロリンダ** まあまあ、心配にはおよびませんわ。
TISBE Posso dir ch'è certezza.	**ティスベ** 確信がもてますわ。
CLORINDA Io quasi quasi Potrei dar delle cariche.	**クロリンダ** 私ぼちぼち 強気で押し出すわよ。
TISBE In segreto Mi ha detto: anima mia, Ha fatto un gran sospiro, è andato via.	**ティスベ** 彼、そっと私に 〈僕の魂の人〉と耳打ちしてから 大きくため息をつき、去っていったわ。
CLORINDA Un sospiro cos'è? quando mi vede Subito ride.	**クロリンダ** ため息ぐらいどうしたっていうの! あの人が私を見るとき 突然ほほえむのよ。
DON MAGNIFICO *(riflettendo e guardando ora l'una ora l'altra)* Ah! dunque Qui sospira, e qui ride.	**ドン・マニーフィコ** 〈考え込み、娘たちを交互に見ながら〉 ああ! ということは こっちでため息、あっちで微笑みか…
CLORINDA Dite, papà Barone Voi che avete un testone: Qual è il vostro pensier? ditelo schietto.	**クロリンダ** 言って頂戴、お父様、 知恵が働くんでしょ… 率直に… お父様の感触を?
DON MAGNIFICO Giocato ho un ambo e vincerò l'eletto. Da voi due non si scappa; oh come, oh come, Figlie mie benedette, Si parlerà di me nelle gazzette! Questo è il tempo opportuno Per rimettermi in piedi. Lo sapete, Io sono indebitato. Fino i stivali a tromba ho ipotecato. Ma che flusso e riflusso Avrò di memoriali! ah questo solo È il paterno desìo. Che facciate il rescritto a modo mio. C'intenderem fra noi; Viscere mie, mi raccomando a voi. Sia qualunque delle figlie Che fra poco andrà sul trono Ah! non lasci in abbandono Un magnifico papà. Già mi par che questo e quello, Conficcandomi a un cantone	**ドン・マニーフィコ** わしはお前達ふたりに賭けた… 選ばせてみせる。 お前達ふたりから逃げられないのだ! ああ、まさかのまさか、 祝福されたわが娘たちよ、 わしの事が新聞種にもなるだろう! 今が好機だ、わしを再び直立させるための! お前達も気づいているはずだ… わしが莫大な借金を抱えている事を。 わしは穴のあいた長靴までも抵当にいれた。 だが、これからは押し寄せてくるような 嘆願書に埋もれることになるのだ! ああ、これだけが 父親としての願いだ。 お前達がわしの思うような返事を得てくれることが 判ってもらえるだろうな… 娘たちよ、わしは、お前達を頼りにしているのだ。 たとえお前達のうちのどちらが 玉座についたとしても、 ああ! 見捨ててはならないぞ このすばらしい父を。 もう、あれやこれやと浮かんできたぞ。 わしを部屋の隅に誘い、

E cavandosi il cappello,	わしに帽子を取り、
Incominci: sor Barone;	こうやり始めるのだ… 男爵、
Alla figlia sua reale	あなたのお嬢様、すなわち王妃様に
Porterebbe un memoriale?	この嘆願書をお渡し下さいませんか?
Prende poi la cioccolata,	おもむろにチョコレートなど差し出すと、
E una doppia ben coniata	それには現金が仕込まれており、
Faccia intanto scivolar.	すばやく滑り込ませるという寸法!!
Io rispondo: eh sì, vedremo.	わしは答える… 前向きに考えてみよう…
Già è di peso? Parleremo.	それほど重要なのかね? 話しはしてみよう。
Da palazzo può passar.	宮殿に立ち寄るがいい。
Mi rivolto: e vezzosetta,	つぎに振り向くと… 芳香を漂わせ、
Tutta odori e tutta unguenti,	香油で磨きあげた愛らしい女性が
Mi s'inchina una scuffietta	わしに、ため息とお世辞をないまぜにして
Fra sospiri e complimenti:	深々とおじぎをする…
Baroncino! Si ricordi	男爵さーま! 覚えていらっしゃいます例の件、
Quell'affare, e già m'intende;	これだけで、わしは十分理解する、
Senza argento parla ai sordi.	現金なしでは耳も聞こえんというわけだ!
La manina alquanto stende,	すると、かわいい手がいくらか延びて
Fa una piastra sdrucciolar.	ピアストラ金貨が軽く手に触れる。
Io galante: occhietti bei!	わしは優しく… 何と美しく可愛い瞳!
Ah! per voi che non farei!	ああ! あなたのためなら何なりと!
Io vi voglio contentar!	私はあなたを満足させたいのです!
Mi risveglio a mezzo giorno:	わしは昼頃に再び目覚める。
Suono appena il campanello,	呼び鈴を鳴らすや否や
Che mi vedo al letto intorno	わしのベッドは
Supplichevole drappello:	嘆願者の群れに囲まれている。
Questo cerca protezione;	こっちは引き立てを求め、
Quello ha torto e vuol ragione;	あっちは犯した不正の帳消しを嘆願し、
Chi vorrebbe un impieguccio;	ある者は、くだらない職の世話を頼み、
Chi una cattedra ed è un ciuccio;	ある者は、能無しのくせに正教授の地位を求め、
Chi l'appalto delle spille,	ある者は、ブローチの入札権を得ようとし、
Chi la pesca dell'anguille;	ある者は、鰻の漁業権を要求する…
Ed intanto in ogni lato	ありとあらゆる権利がうごめく中で
Sarà zeppo e contornato	わしは身動きが出来ぬほど、
Di memorie e petizioni,	報告書と嘆願書に取り囲まれるのじゃ!!
Di galline, di sturioni,	…にわとり、チョウザメ、
Di bottiglie, di broccati,	酒瓶、ブロカテール織り、
Di candele e marinati,	ろうそく、マリネ食品、
Di ciambelle e pasticcetti,	ドーナツ菓子にパイ包み、
Di canditi e di confetti,	砂糖漬けの果物に金平糖、
Di piastroni, di dobloni,	ピアストラ金貨、ドブロン金貨、
Di vaniglia e di caffè.	バニラ、コーヒーなどなどの権利に…
Basta basta, non portate!	やめてくれ… 持ち込まんでくれ!
Terminate, ve n'andate?	終りにしてくれ。立ち去ってくれ!
Serro l'uscio a catenaccio.	わしは閂〈かんぬき〉を戸口に通す。
Importuni, seccatori,	しつこい奴等め、うるさい奴等め、
Fuori fuori, via da me.	出て行け、出て行け、わしの許から立ち去れ。
(parte)	〈退場。〉

TISBE
(accostandosi in confidenza)
Di': sogni ancor che il Principe
Vada pensando a te?

ティスベ
〈うちとけたように近づきながら〉
ねえ、まだ夢を見ているの、
王子様があなたの事を希っていると…?

CLORINDA
Me lo domandi?

クロリンダ
それって、私への質問なの?

TISBE
Serva di Vostr'Altezza.

ティスベ
すべては閣下のおぼしめしのままに。

CLORINDA
A' suoi comandi.
(Partono, scostandosi e complimentandosi ironicamente.)

クロリンダ
仰せのままに。
〈後ずさりしながら、皮肉めいた言葉を交わしながら彼女たちは退場する〉

Scena II

Ramiro, indi Cenerentola fuggendo da Dandini;
poi Alidoro in disparte.

RAMIRO
Ah! Questa bella incognita
Con quella somiglianza all'infelice,
Che mi colpì stamane
Mi va destando in petto
Certa ignota premura... Anche Dandini
Mi sembra innamorato.
Eccoli: udirli or qui potrò celato.
(si nasconde)

DANDINI
Ma non fuggir, per bacco! quattro volte
Mi hai fatto misurar la galleria.

CENERENTOLA
O mutate linguaggio, o vado via.

DANDINI
Ma che? Il parlar d'amore
È forse una stoccata!

CENERENTOLA
Ma io d'un altro sono innamorata!

DANDINI
E me lo dici in faccia?

CENERENTOLA
Ah! mio signore,
Deh! non andate in collera
Col mio labbro sincero.

DANDINI
Ed ami?

CENERENTOLA
Scusi...

DANDINI
Ed ami?

CENERENTOLA
Il suo scudiero.

RAMIRO
(palesandosi)
Oh gioia! anima mia!

ALIDORO
(mostrando il suo contento)
(Va a meraviglia!)

RAMIRO
Ma il grado e la ricchezza
Non seduce il tuo core?

CENERENTOLA
Mio fasto è la virtù, ricchezza è amore.

RAMIRO
Dunque saresti mia?

CENERENTOLA
Piano, tu devi pria
Ricercarmi, conoscermi, vedermi,
Esaminar la mia fortuna.

【第2景】
ラミーロ、続いてダンディーニから逃げて来たシンデレラ、
さらに、少し離れたところにアリドーロ。

ラミーロ
ああ、この見知らぬ美しい人は
今朝、僕の心を打ったあの薄幸の
娘に似ている、
この胸に説明できない感情を
かき立てる… ダンディーニも
あの人に恋したようだ。
おや、その二人だ。ここに身を隠して話を聞いてみよう。
〈隠れる。〉

ダンディーニ
お願いです、逃げないで下さい! あなたは
私に四回もこの廊下を走らせたのですよ。

シンデレラ
お言葉を慎んで下さい、私帰りますわ。

ダンディーニ
なぜですか? 愛を語ることは
思いもかけぬ災難なのですか?

シンデレラ
あなたではない方に恋しているのです!

ダンディーニ
面と向かっておっしゃるのですか?

シンデレラ
ああ! 王子様、
どうか、お怒りになりませんように…
私は正直にお話ししているのです。

ダンディーニ
愛していると?

シンデレラ
お許しください…

ダンディーニ
一体誰を?

シンデレラ
あなた様の従者のかたを…

ラミーロ
〈姿を現わし〉
ああこの歓喜! 魂の人よ!

アリドーロ
〈喜びを表わし〉
〔見事な展開だ!〕

ラミーロ
しかし、地位や富が
あなたの心を揺さぶらないのですか?

シンデレラ
私にとって栄光と美徳、富と愛は同義語なのです。

ラミーロ
それでは私の妻に?

シンデレラ
落ち着いてください、あなたはまず
私を観察し、私を識り、私を理解し、
私の財産も吟味しなければなりませんわ。

RAMIRO
Io teco,
Cara, verrò volando.

CENERENTOLA
Fermati: non seguirmi.
Io tel comando.

RAMIRO
E come dunque?

CENERENTOLA
(gli dà uno smaniglio)
Tieni.
Cercami; e alla mia destra
Il compagno vedrai.
E allor... Se non ti spiaccio...
allor m'avrai.
(parte)
(Momento di silenzio.)

RAMIRO
Dandini, che ne dici?

DANDINI
Eh! dico che da Principe
Sono passato a far da testimonio.

RAMIRO
E allor... se non ti spiaccio...
allor m'avrai.
Quali enigmi son questi?
(scopre Alidoro)
Ah! mio sapiente
Venerato Maestro. Il cor m'ingombra
Misterioso amore.
Che far degg'io?

ALIDORO
Quel che consiglia il core

RAMIRO
(a Dandini)
Principe non sei più: di tante sciocche
Si vuoti il mio palazzo.
(chiamando i seguaci che entrano)
Olà miei fidi
Sia pronto il nostro cocchio, e fra momenti...
Così potessi aver l'ali dei venti.
Sì, ritrovarla io giuro.
Amore, amor mi muove:
Se fosse in grembo a Giove,
Io la ritroverò.
(contempla lo smaniglio)
Pegno adorato e caro
Che mi lusinghi almeno.
Ah come al labbro e al seno,
Come ti stringerò!

CORO
Oh! qual tumulto ha in seno
Comprenderlo non so.

RAMIRO e CORO
Noi voleremo, - Domanderemo,
Ricercheremo, - Ritroveremo.
Dolce speranza, - Freddo timore

ラミーロ
僕はあなたと一緒に
愛しい人よ、飛んでゆきます!

シンデレラ
よして下さい。私の後をつけないで下さい、
これは命令ですよ。

ラミーロ
そのワケは?

シンデレラ
〈彼に腕輪を渡す。〉
さあ、これを…
私を探してくださいな。私の右手に
ペアーの一方をあなたが見つけてください。
そのとき… もしまだ気がかわっていなければ…
そのとき… 私はあなたのものになるでしょう。
〈退場〉
〈一瞬の静寂。〉

ラミーロ
ダンディーニ、この話どう考える?

ダンディーニ
いまさら何ですか! 私が王子役から
婚礼立ち会い人にかわったという事ですよ。

ラミーロ
そのとき… もしまだ気がかわっていなければ…
そのとき… 私はあなたのものになるでしょう。
この謎々はどう解けばいいのだろう?
〈アリドーロを見つけ〉
ああ! 私の尊敬する師。
私の心にあふれるこれ程の愛は
いまだかつて経験した事がないのです。
どうすべきなのでしょう?

アリドーロ
心のおもむくままに。

ラミーロ
〈ダンディーニに〉
お前の王子役はおしまいだ。私の館で
馬鹿な事をするのはもうおしまいだ。
〈入って来る従者たちを呼び〉
さあ、わが忠実なる者たち、
馬車の用意を… もうしばらくすれば…
風の翼に乗ったも同然。
そうだ、必ずあの娘を探してみせる。
愛が、愛が僕の心をかき立てる。
たとえ彼女がジュピターに抱かれようとも
僕は彼女を見つけ出すだろう!
〈腕輪をじっと見詰める。〉
僕の心を高鳴らせる
素晴らしく愛しい証。
ああ、この唇に、この胸に、
あなたを抱き締めるように!

合唱
おお! これほどたかまる動悸があの方の胸に…
それをはかり知ることなど到底出来ない!

ラミーロと合唱
飛んで行こう、たずねてみよう、
捜してみよう、見つけてみせよう。
甘い希望と、冷たい不安が

Dentro al mio/suo cuore - Stanno a pugnar.
Amore, amore - L'hai da guidar.
(parte con i seguaci)

私の/あの方の心の中で争っている。
愛よ、愛よ、お前が私/あの方を導くのだ。
〈ラミーロは従者たちと共に退場。〉

Scena III
Dandini, Alidoro; indi Don Magnifico.

【第3景】
ダンディーニ、アリドーロ、続いてドン・マニーフィコ。

ALIDORO
(La notte è omai vicina.
Col favor delle tenebre,
Rovesciandosi ad arte la carrozza
Presso la casa del Baron, potrei...
Son vicini alla meta i desir miei.)
(parte frettoloso)

アリドーロ
〔もう夜も迫っている、
闇に乗じて、
男爵の館のそばで、
馬車を巧みに転倒させることが出来れば…
私の目的は達成も間近だ。〕
〈急いで退場。〉

DANDINI
(passeggiando)
Ma dunque io sono un ex? dal tutto al niente
Precipito in un tratto?
Veramente ci ho fatto
Una bella figura!

ダンディーニ
〈歩き回って〉
結局僕は代役か… 億からゼロに
瞬時にして転落か…
それにしても、見事な
道化役だったな!

DON MAGNIFICO
(entra premuroso)
Scusi la mia premura...
Ma quelle due ragazze
Stan con la febbre a freddo. Si potrebbe
Sollecitar la scelta.

ドン・マニーフィコ
〈あわてて入って来る〉
私事の緊急事態で恐縮なのですが…
ふたりの娘が
寒さにやられて熱を出し… つきましては、
選考を急いでいただけぬものかと?

DANDINI
E fatta, amico.

ダンディーニ
あんたね、済みましたよ。

DON MAGNIFICO
(con sorpresa, in ginocchio)
È fatta! ah! per pietà! dite, parlate:
È fatta! e i miei germogli...
In queste stanze a vegetar verranno?

ドン・マニーフィコ
〈驚いて、ひざまずき〉
済んだ! ああ、お願いです! 話して下さい、
済んだ! 私のつぼみ達は…
この館で育つ事になるのですね?

DANDINI
(alzandolo)
Tutti poi lo sapranno.
Per ora è un gran segreto.

ダンディーニ
〈彼を立ち上がらせながら〉
事の次第はもうすぐわかるだろう。
今のところはマル秘なのだ。

DON MAGNIFICO
E quale, e quale?
Clorindina o Tisbetta?

ドン・マニーフィコ
どちらが、どちらなのです?
クロリンダちゃん、それともティスベちゃん?

DANDINI
Non giudicate in fretta.

ダンディーニ
結論を急いではいけない!

DON MAGNIFICO
Lo dica ad un papà.

ドン・マニーフィコ
その結論を父親には!

DANDINI
Ma silenzio.

ダンディーニ
言えない。

DON MAGNIFICO
Si sa; via, dica presto.

ドン・マニーフィコ
そこを何とか、さあ、早く言って下さい。

DANDINI
(andando ad osservare)
Non ci ode alcuno?

ダンディーニ
〈あたりをよく観察しながら〉
この話、誰も聞いていないな?

DON MAGNIFICO
In aria
Non si vede una mosca.

ドン・マニーフィコ
空中に
一匹のハエも見当たりません。

DANDINI
È un certo arcano

ダンディーニ
びっくり仰天させるような

Che farà sbalordir.

DON MAGNIFICO
(smaniando)
Sto sulle spine.

DANDINI
(annoiato, portando una sedia)
Poniamoci a sedere.

DON MAGNIFICO
Presto, per carità.

DANDINI
Voi sentirete
Un caso assai bizzarro.

DON MAGNIFICO
(Che volesse
Maritarsi con me!)

DANDINI
Mi raccomando.

DON MAGNIFICO
(con smania che cresce)
Ma si lasci servir.

DANDINI
Sia sigillato
Quanto ora udrete dalla bocca mia.

DON MAGNIFICO
Io tengo in corpo una segreteria.

DANDINI
Un segreto d'importanza,
Un arcano interessante
Io vi devo palesar.
È una cosa stravagante,
Vi farà strasecolar.

DON MAGNIFICO
Senza battere le ciglia,
Senza manco trarre il fiato
Io mi pongo ad ascoltar.
Starò qui petrificato
Ogni sillaba a contar.

DANDINI
(Oh! che imbroglio! che disdetta!
Non so come cominciar.)

DON MAGNIFICO
(Veh che flemma maledetta!
Si sbrigasse a incominciar.)

DANDINI
Uomo saggio e stagionato
Sempre meglio ci consiglia.
Se sposassi una sua figlia,
Come mai l'ho da trattar?

DON MAGNIFICO
(Consiglier son già stampato.)
Ma che eccesso di clemenza!
Mi stia dunque Sua Eccellenza...
Bestia!.. Altezza, ad ascoltar.
Abbia sempre pronti in sala
Trenta servi in piena gala,

ドン・マニーフィコ
〈落ち着きを失って〉
ああ、針のむしろ…

ダンディーニ
〈あほらしくなり、椅子を持って来て〉
座りましょう。

ドン・マニーフィコ
はやく、お願い!

ダンディーニ
あなたはとんでもない事を
聞くはめになるでしょう…

ドン・マニーフィコ
〔もしや、まさか…
あたしを花嫁にとでも!〕

ダンディーニ
極秘ですぞ。

ドン・マニーフィコ
〈益々あせって〉
ヒミツは守ります。

ダンディーニ
今、私の口から聞く事は
封印願いますよ。

ドン・マニーフィコ
わしには体内秘書がおります!

ダンディーニ
ある重大な秘密を、
ある注目に値する秘密を、
私はあなたに明かさねばならないのです。
それは想像を絶する奇抜なことで
あなたは肝をつぶすでしょう。

ドン・マニーフィコ
まばたきひとつせず、
息を殺し、
よーく、うかがいます。
ここで、石の様にじっとして
ひと言も漏らさず聴きましょう。

ダンディーニ
〔さて、この欺瞞! この不運!
いったいどこから始めればよいのやら〕

ドン・マニーフィコ
〔こん畜生! 我慢という奴は…
もったいぶらずに早く言え!〕

ダンディーニ
聡明なる経験豊かなお方は、
常に良き助言をしてくださる。
私があなたのいづれかの娘と結婚したら、私は
どの様にしておつき合いをしたら良いのか?

ドン・マニーフィコ
〔わしはすでに顧問官というわけか!〕
ご厚情のいたり!
それでは、閣下…
いや、失礼、殿下、お聞き下さいませ。
広間には常に
盛装した30名の召使い、

Due staffieri, sei cocchieri, / 2名の馬丁、6名の御者、
Tre portieri, due braccieri, / 3名の玄関番、2名の猟犬番、
Cento sedici cavalli, / 116頭の馬、
Duchi, conti e marescialli / 公爵、伯爵、元帥の面々、
A dozzine convitati, / 10数組の招待客、
Pranzi sempre coi gelati / デザートには必ずアイスクリーム…
Poi carrozze, poi bombè, / 馬車に関しては、シルクハットに
Ed innanzi colle fiaccole / 正面にリボンをつけた
Per lo meno sei lacché. / だいたい6名のお仕着せの従僕たち…

DANDINI ダンディーニ
Vi rispondo senza arcani / 私はあなたに包み隠さずお答えしましょう、
Che noi siamo assai lontani. / 私とあなたの間には、充分に距離があるのですよ。
Ho un lettino, uno stanzino; / 私の所有に属するものは、小ぶりのベッド、小ぶりのひと部屋、
Ma piccino, ma meschino. / 卑しく、不運な独り者で、
Io non uso far de' pranzi; / 宴席に同席はありえませんし、
Mangio sempre degli avanzi. / いつも残飯を食し、
Non m'accosto a' gran signori, / 高貴な方々のおそばになど、滅相もない!!
Tratto sempre servitori. / 召使い同士の親睦が関の山、
Me ne vado sempre a piè, / どこに行くにも徒歩…
O di dietro una scappavia, / どなた様かが私を所望いたしますと
Se qualcun mi vuol con sé. / 秘密の出入り口を利用するという次第。

DON MAGNIFICO ドン・マニーフィコ
Non corbella? / からかっておいでで?

DANDINI ダンディーニ
Gliel prometto. / まったく真実です。

DON MAGNIFICO ドン・マニーフィコ
Questo dunque? / これまでの話は?

DANDINI ダンディーニ
È un romanzetto. / 夢物語ですね。
È una burla il principato, / 王子など悪ふざけですよ、
Sono un uomo mascherato. / 私は代役だったのですよ…
Ma venuto è il vero Principe / 本役の王子が戻ってまいりましたので、
M'ha strappata alfin la maschera. / 私はめでたく無罪放免。
Io ritorno al mio mestiere: / 本来の仕事に戻るというワケですよ。
Son Dandini il cameriere. / 私は召使いのダンディーニ。
Rifar letti, spazzar abiti / ベッドを整えたり、衣裳を片付けたり、
Far la barba e pettinar. / 髭をそり、髪をとかしたりするのですよ。

DON MAGNIFICO e DANDINI ドン・マニーフィコとダンディーニ
Ah che questa è una sassata / 口笛を吹きながらの予期せぬ
Che fischiando inaspettata / 投石による一撃が
Mi/Gli dà in fronte e all'improvviso / わしの/彼の 額を直撃し、いきなり
Mi/Lo fa in terra stramazzar. / わしを/彼を 地面に叩きつける!

DON MAGNIFICO ドン・マニーフィコ
Di quest'ingiuria, / この侮辱、
Di quest'affronto / この無礼に対し、
Il vero Principe / 本物の王子から
Mi renda conto. / わしに説明があるはずだ。

DANDINI ダンディーニ
Oh non s'incomodi / まあ、そんな事期待なさらずに…
Non farà niente. / 王子は何もなさらないでしょう。
Ma parta subito / とにかく、ただちに
Immantinente. / ご出発を!

DON MAGNIFICO ドン・マニーフィコ
Non partirò. / 動かない。

DANDINI ダンディーニ
Lei partirà. / あなたは退場です。

DON MAGNIFICO
Sono un Barone.

DANDINI
Pronto è il bastone.

DON MAGNIFICO
Ci rivedremo
Ci parleremo.

DANDINI
Ci rivedremo
Ci parleremo.

DON MAGNIFICO
Non partirò.

DANDINI
Lei partirà.

DON MAGNIFICO
Tengo nel cerebro
Un contrabbasso
Che basso basso
Frullando va.
Da cima a fondo,
Poter del mondo!
Che scivolata,
Che gran cascata!
Eccolo eccolo
Tutti diranno
Mi burleranno
Per la città.

DANDINI
Povero diavolo!
È un gran sconquasso!
Che d'alto in basso
Piombar lo fa.
Vostr'Eccellenza
Abbia prudenza.
Se vuol rasoio,
Sapone e pettine
Saprò arricciarla,
Sbarbificarla.
Ah ah! guardatelo,
L'allocco è là.

Partono.

Scena IV

Alidoro solo.

ALIDORO
Mi seconda il destino. Amor pietoso
Favorisce il disegno. Anche la notte
Procellosa ed oscura
Rende più natural quest'avventura,
La carrozza già è in pronto; ov'è Dandini?
Seco lo vuol nel suo viaggio. Oh come
Indocile s'è fatto ed impaziente!
Che lo pizzica amor segno evidente.
(entra)

Scena V

ドン・マニーフィコ
わしは男爵だぞ。

ダンディーニ
ステッキはこちらに。

ドン・マニーフィコ
会って、
話し合う必要がある。

ダンディーニ
会いましょう、
話しましょう…

ドン・マニーフィコ
出てゆかないぞ。

ダンディーニ
退場です。

ドン・マニーフィコ
脳ミソの中に
コントラバスがあるようだ、
低い音をたてながら
天辺から谷底へと
回転しながら墜落する、
世の常という奴か!
何という滑降、
何という急降下!
ほらあいつだ、あいつだ…
そう皆が噂するだろう、
街じゅうで皆が
わしをはやしたてるだろう。

ダンディーニ
みじめな小悪魔め!
有頂天からどん底へ
急降下、
激しい動揺に襲われている。
殿下、
慎重に。
もし、かみそりと
石鹸と、櫛があれば
私は巻き毛にしたり、
ひげを剃ったりする事が出来るのです。
アッハ、アッハ! すぐにはっきりするでしょう、
間抜けはどちらか!

二人退場する。

【第4景】

アリドーロ独り。

アリドーロ
運命が私に力を貸してくれる。慈悲深い愛は
筋書き通り運ぶ事を好むもの。
暗い嵐の夜も、
この恋をごく自然に見守ってくれる。
もう、馬車の用意は出来た。ダンディーニはどこかな?
旅のお供にと望んでいたのに。ああ!
従順さに欠け、我慢も不足した奴だ!
愛が明らかな兆しを見せているというのに…
〈退場〉

【第5景】

Sala terrena con camino in casa di Don Magnifico.
Cenerentola nel solito abito accanto al fuoco.

CENERENTOLA
Una volta c'era un Re,
Che a star solo s'annoiò:
Cerca, cerca, ritrovò;
Ma il volean sposare in tre.
Cosa fa?
Sprezza il fasto e la beltà.
E alla fin sceglie per sé
L'innocenza e la bontà.
La la là
Li li lì
La la là.
(guarda lo smaniglio)
Quanto sei caro! E quello
Cui dato ho il tuo compagno,
È più caro di te. Quel signor Principe
Che pretendea con quelle smorfie? Oh bella!
Io non bado a' ricami, ed amo solo
Bel volto e cor sincero,
E do la preferenza al suo scudiero.
Le mie sorelle intanto... ma che occhiate!
Parean stralunate!
(s'ode bussare fortemente, ed apre)
Qual rumore!
(Uh? chi vedo! che ceffi!)
Di ritorno!
Non credea che tornasse avanti giorno.

Scena VI
Don Magnifico, Clorinda, Tisbe e detta.

CLORINDA
(entrando, accennando Cenerentola)
(Ma! ve l'avevo detto...)

DON MAGNIFICO
(Ma cospetto! cospetto !
Similissime sono affatto affatto.
Quella è l'original, questa è il ritratto.)
Hai fatto tutto?

CENERENTOLA
Tutto.
Perché quel ceffo brutto
Voi mi fate così?

DON MAGNIFICO
Perché, perché...
Per una certa strega
Che rassomiglia a te...

CLORINDA
Su le tue spalle
Quasi mi sfogherei.

CENERENTOLA
Povere spalle,
Cosa c'hanno che far?

TISBE
Oh fa mal tempo!
Minaccia un temporale.
(Cominciano lampi e tuoni, indi si sente

ドン・マニーフィコの館の暖炉のあるサロン。
シンデレラは、いつもの粗末な身なりで、火のそばにいる。

シンデレラ
昔々ある所に、ひとりの王様がおりました…
独りで生活することに嫌気がさし
王様は探して、探して、ついに見つけました。
ところが王様との結婚を3人の女性が望んだのです。
一体どうするのでしょう?
贅沢ときらびやかさを軽蔑し
最後には、御自身の決断にかかっています…
純真で心優しい人を。
ラララー…
リリリー…
ラララー…
〈腕輪を見詰める。〉
お前はなんて愛しいの! でも、あのお方は、
私が、お前のもう片方を差し上げたあのお方は、
お前よりもずっと素敵なの。王子様は、どうして
浮かぬ顔をしていらしたのかしら? 実現すればね!
私、針仕事に専念しなくてもいいのよ…
美しいお顔と、誠実なお心を愛するだけでいいのよ!
私の好みは王子ではなく、その従者なのよ!
でも、あの時のお姉様達の… あの視線!
白目をむき出し!
〈激しく叩く音が聞こえる、それから開ける〉
この騒ぎは!
〔まさか? だれかと思えば! 人相の悪いこと!〕
帰って来たわ!
今日中に帰るとは思わなかったわ。

【第6景】
ドン・マニーフィコ、クロリンダ、ティスベ及びシンデレラ

クロリンダ
〈入って来て、シンデレラを指差しながら〉
〔でしょ! 私、言ったでしょ… 〕

ドン・マニーフィコ
〔しかし、驚いた、驚いたわい!
瓜ふたつどころか、まったく、本当に。
あれが本物なら、これは本物の肖像画。〕
片付けは終わったのか?

シンデレラ
すっかり。
どうしてそんな訝しげに
私を見るのですか?

ドン・マニーフィコ
そのワケは… というのは…
お前とそっくりの… 何というか…
魔女を見てしまったのじゃ…

クロリンダ
お前の背中に
私のうっぷんをぶちまけたいわ。

シンデレラ
かわいそうな私の背中
どうしてこんな事に?

ティスベ
まあ嫌なお天気!
嵐になりそうだわ。
〈稲妻が落ち、雷鳴が響き、そのうち馬車の

il rovesciarsi di una carrozza.)

DON MAGNIFICO
Altro che temporale!
Un fulmine vorrei
Che incenerisse il camerier...

CENERENTOLA
Ma dite,
Cosa è accaduto? avete
Qualche segreta pena?

DON MAGNIFICO
(con impeto)
Sciocca! va' là, va' a preparar la cena.

CENERENTOLA
Vado sì, vado. (Ah che cattivo umore.
Ah! lo scudiere mio mi sta nel core.)
(parte)

Scena VII
*Don Magnifico, Tisbe, Clorinda,
indi Ramiro da Principe e Dandini.*

DON MAGNIFICO
Svergognata mia prole! (Ma che tempo!
Piove a diluvio!)

CLORINDA
Zitto... non sentite?

DON MAGNIFICO
Una carrozza.
(Si sente cadere una carrozza.)

CLORINDA
Che gran botto!

DON MAGNIFICO
È fatta.
Non si rialza più.

TISBE
Forse qualcuno
Rovesciato sarà.

DANDINI
(di dentro)
Soccorso... aita...

TISBE
Corriamo a sollevarli.

CLORINDA
Scioccarella!
Che importa a te di chi si rompe il collo?
(Si sente bussare.)

DON MAGNIFICO
Diavolo! chi sarà!
(apre)
(Entra Dandini, indi Don Ramiro.)

DANDINI
Scusate, amico,
La carrozza del Principe
Ribaltò... ma chi vedo?
(riconoscendo Don Magnifico)

DON MAGNIFICO

転倒する音が聞こえる。〕

ドン・マニーフィコ
嵐でもなんでもかまわぬ!
稲妻があの召使を
灰にしてほしいものだ…

シンデレラ
おっしゃって下さい。
何があったのですか?
何か心痛める秘密でも?

ドン・マニーフィコ
〈激しく〉
馬鹿! あっちへ行け。晩飯の支度だ。

シンデレラ
行きますよ、行きます。〔ああ、何てご機嫌斜めなの!
ああ! あの従者が胸に留まって離れない。〕
〈退場〉

【第7景】
ドン・マニーフィコ、ティスベ、クロリンダ、
続いて王子姿のラミーロ、及びダンディーニ。

ドン・マニーフィコ
恥を知れ、わが子供達! 〔何という天気だ!
この土砂降り!〕

クロリンダ
静かに… 聞こえない?

ドン・マニーフィコ
馬車だ。
〈馬車が横転する音が聞こえる〉

クロリンダ
炸裂音!

ドン・マニーフィコ
大変だ!
もう起こせないぞ!

ティスベ
きっと誰か
ひっくり返ったに違いないわ。

ダンディーニ
〈舞台裏で〉
助けて… 助けを…

ティスベ
すぐに助けに行きましょう。

クロリンダ
馬鹿ね!
誰かの首が折れても、あんたに何の関係があるの?
〈扉を叩く音がする。〉

ドン・マニーフィコ
悪魔だ! …でなければ誰!
〈扉を開く〉
〈ダンディーニに続いてドン・ラミーロが入って来る〉

ダンディーニ
申しわけないが、
王子の馬車が
横転した… 誰かと思えば?
〈ドン・マニーフィコを確認して〉

ドン・マニーフィコ

Uh! Siete voi!
Ma il Principe dov'è?

DANDINI
(accennando Ramiro)
Lo conoscete!

DON MAGNIFICO
(rimanendo sorpreso)
Lo scudiero? Oh! guardate.

RAMIRO
Signore perdonate
Se una combinazione...

DON MAGNIFICO
Che dice! Si figuri! mio padrone.
(alle figlie)
(Eh non senza perché venuto è qua.
La sposa, figlie mie, fra voi sarà.)
Ehi, presto, Cenerentola,
Porta la sedia nobile.

RAMIRO
No, no: pochi minuti. Altra carrozza
Pronta ritornerà.

DON MAGNIFICO
Ma che! gli pare!

CLORINDA
(con premura verso le quinte)
Ti sbriga, Cenerentola.

Scena VIII
Cenerentola recando una sedia nobile a Dandini, che crede il Principe.

CENERENTOLA
Son qui.

DON MAGNIFICO
Dalla al Principe, bestia, eccolo lì.

CENERENTOLA
Questo! Ah che vedo! Principe!
(sorpresa riconoscendo per Principe Don Ramiro; si pone le mani sul volto e vuol fuggire)

RAMIRO
T'arresta.
Che! Lo smaniglio!... è lei! che gioia è questa!
Siete voi?

CENERENTOLA
(osservando il vestito del Prence)
Voi Prence siete?

CLORINDA e TISBE
(fra loro, attonite)
Qual sorpresa!

DANDINI
Il caso è bello!

DON MAGNIFICO
(volendo interrompere Ramiro)
Ma...

RAMIRO
Tacete.

なんだ! お前さんかい!
ところで、殿下はどこに?

ダンディーニ
〈ラミーロを指し示し〉
この方をご存知でしょう!

ドン・マニーフィコ
〈驚いて〉
従者じゃないか? おお! そんな…

ラミーロ
男爵、許してくれたまえ…
仮にこの組み合わせが…

ドン・マニーフィコ
何をおっしゃいます! とんでもない、殿下。
〈娘たちに〉
〔ああ! 理由なく彼がここに来る訳がない。
お前達のどちらかが花嫁になるはずだ。〕
これ、シンデレラ、急いで
上等の椅子をお持ちしなさい。

ラミーロ
いや、結構、少しの間だけですから。
別の馬車が、すぐにやって来るでしょう。

ドン・マニーフィコ
何と! 本当ですか!

クロリンダ
〈急いで袖幕に行く〉
愚図愚図しないでよ、シンデレラ。

【第8景】
シンデレラは、豪華な椅子を、王子だと思っている
ダンディーニに持って行く。

シンデレラ
椅子は?

ドン・マニーフィコ
殿下にお持ちするんだ、ばか娘が、あちらのお方だ。

シンデレラ
この人! ああ、まさか! 王子様!
〈ドン・ラミーロが王子であると知って驚き、
両手で顔を覆い、逃げ出そうとする。〉

ラミーロ
お待ちなさい。
何と! あの腕輪!…あの人だ! ああ、これは何という喜び!
あなただったのですね?

シンデレラ
〈王子の衣裳を眺めながら〉
あなたが王子ですって?

クロリンダ、ティスベ
〈お互い、唖然として〉
まさか!

ダンディーニ
いや、参りましたね!

ドン・マニーフィコ
〈ラミーロの話しをさえぎろうと〉
しかし…

ラミーロ
お黙りなさい!

DON MAGNIFICO
Addio cervello.
(prende a sé Ramiro e Dandini)
Se...

RAMIRO e DANDINI
Silenzio.

CLORINDA, TISBE, CENERENTOLA, RAMIRO, DANDINI e DON MAGNIFICO
Che sarà!
Questo è un nodo avviluppato,
Questo è un gruppo rintrecciato.
Chi sviluppa più inviluppa,
Chi più sgruppa, più raggruppa;
Ed intanto la mia testa
Vola, vola e poi s'arresta;
Vo tenton per l'aria oscura,
E comincio a delirar.

CLORINDA
(strappando Cenerentola con violenza dal suo sbalordimento)
Donna sciocca! Alma di fango!
Cosa cerchi? che pretendi?
Fra noi gente d'alto rango
L'arrestarsi è inciviltà.

DON MAGNIFICO
(come sopra, da un'altra parte)
Serva audace! E chi t'insegna
Di star qui fra tanti eroi?
Va' in cucina, serva indegna,
Non tornar mai più di qua.

RAMIRO
(frapponendosi con impeto)
Alme vili! invan tentate
Insultar colei che adoro;
Alme vili! paventate:
Il mio fulmine cadrà.

DANDINI
Già sapea che la commedia
Si cangiava al second'atto;
Ecco aperta la tragedia,
Me la godo in verità.

CLORINDA e TISBE
Son di gelo.

DON MAGNIFICO
Son di stucco.

RAMIRO
(Diventato è un mamalucco.)

CLORINDA, TISBE e DON MAGNIFICO
Ma una serva...

RAMIRO
(facendo una mossa terribile)
Olà tacete.
L'ira mia più fren non ha!

CENERENTOLA
(in ginocchio a Don Ramiro, che la rialza)
Ah! signor, s'è ver che in petto
Qualche amor per me serbate,

ドン・マニーフィコ
わしの企ても水の泡。
〈ラミーロとダンディーニに〉
もし…

ラミーロ、ダンディーニ
黙れ!

クロリンダ、ティスベ、シンデレラ、ラミーロ、
ダンディーニ、ドン・マニーフィコ
どうなるのだろう!
これは混乱した結び目
からみあった組み紐
誰かが解こうとすればさらに縺れ、
誰かが切り離そうとすれば尚のこと結びつく。
そうこうしているうちに、私の思いは
飛んで行く、飛んで行く、そして止まる、
暗闇を手探りで進むうちに
わけが解らなくなる。

クロリンダ
〈驚愕のあまり激しくシンデレラを引き離しながら〉
愚かな娘! 恥の上塗り!
何を望んでいるの? 何を企んでるの?
私達のように身分の高い者は
こんな無作法な事はしないわ。

ドン・マニーフィコ
〈同様に、もう一方の側から〉
大胆な女中、一体誰がお前に、
貴族の真っ只中に居ろと教育したのだ?
台所に行け、下女のくせして、
もうここへは戻ってくるな。

ラミーロ
〈勢い良く中に割って入りながら〉
心卑しい奴らめ、私の敬愛する人を
侮辱することは許されないぞ、
卑しい者ども、畏れるがいい、
私の怒りが落ちるだろう。

ダンディーニ
この喜劇が
第2幕で大きく展開することはわかっていた。
ここから悲劇が始まる…
存分に楽しませてもらうぞ。

クロリンダ、ティスベ
体が凍りつく!

ドン・マニーフィコ
うんざりだ!

ラミーロ
〔でぐの坊になってしまったぞ。〕

クロリンダ、ティスベ、ドン・マニーフィコ
でも、女中…

ラミーロ
〈激しく体を動かしながら〉
黙りなさい。
堪忍袋の緒が切れた。

シンデレラ
〈ドン・ラミーロにひざまづく。ラミーロは彼女を立ち上がらせる〉
ああ! 王子様、もしあなたの心に
私への愛が少しでもおありなら、

Compatite, perdonate, | 御容赦を、お許しを、
E trionfi la bontà. | 善意の心は勝利するのです。

CLORINDA, TISBE e DON MAGNIFICO | クロリンダ、ティスベ、ドン・マニーフィコ
(con disprezzo) | 〈軽蔑を込めて〉
Ah! l'ipocrita guardate! | ああ! これこそ偽善者!
Oh che bile che mi fa. | ああ、虫唾が走る!

RAMIRO e DANDINI | ラミーロ、ダンディーニ
(a Don Magnifico e le figlie) | 〈ドン・マニーフィコと娘たちに〉
Quelle lagrime mirate: | あの涙を見なさい、
Qual candore, qual bontà! | あの純真さを、あの優しい心を!

DON MAGNIFICO | ドン・マニーフィコ
Ma in somma delle somme, | ところで、つまるところ
Altezza, cosa vuole? | 殿下、何をお望みで?

RAMIRO | ラミーロ
Piano: non più parole. | あわてるな、言葉は必要ない。
(prende per mano Cenerentola) | 〈シンデレラの手を取り〉
Questa sarà mia sposa. | この女性こそ我が妻だ!

CLORINDA, TISBE e DON MAGNIFICO | クロリンダ、ティスベ、ドン・マニーフィコ
Ah! ah! dirà per ridere. | アッハ! アッハ! 冗談を言ってますね。
(a Cenerentola) | 〈シンデレラに〉
Non vedi che ti burlano? | 皆してお前をからかっているのよ!

RAMIRO | ラミーロ
Lo giuro: mia sarà. | 真実だ。我が妻だ。

DON MAGNIFICO | ドン・マニーフィコ
Ma fra i rampolli miei, | ところで、わが子孫には、
Mi par che a creder mio... | わしの考えるところによれば…

RAMIRO | ラミーロ
(con aria di disprezzo, contraffacendolo) | 〈軽蔑した様子で、ドン・マニーフィコを真似て〉
Per loro non son io. | 私はお前の子孫のために存在しているのではない。
Ho l'anima plebea, | 私は庶民の心を持ち、
Ho l'aria dozzinale. | 凡庸なのだ。

DANDINI | ダンディーニ
Alfine sul bracciale | ついに、ブレスレットのもとに
Ecco il pallon tornò | 球が戻って来た。
E il giocator maestro | そこで、名手だったはずのあの男が
In aria il ribalzò. | 球をとり損ねたというわけだ。

RAMIRO | ラミーロ
(tenendo con dolce violenza Cenerentola) | 〈優しく、しかも力強くシンデレラに〉
Vieni a regnar: lo impongo. | ともに国を治めて欲しい。私のたっての希望だ。

CENERENTOLA | シンデレラ
(volendo baciar la mano a Don Magnifico | 〈ドン・マニーフィコの手に口づけを、そして姉達を
ed abbracciare le sorelle, è rigettata con impeto) | 抱擁しようとするが、激しくはねつけられる。〉
Su questa mano almeno, | せめてこの手に
E prima a questo seno... | まずはこの胸に…

DON MAGNIFICO | ドン・マニーフィコ
Ti scosta. | 近よるな。

CLORINDA e TISBE | クロリンダ、ティスベ
Ti allontana. | あっちへお行き。

RAMIRO | ラミーロ
Perfida gente insana! | 無分別にして不実な者たちだ!
Io vi farò tremar. | 震え上がらせてやる。

CENERENTOLA | シンデレラ
(passeggiando incerta, e riflettendo | 〈不確かな足取りで歩き、深刻な面持ちで、
ed abbandonandosi a vari sentimenti) | 様々な思いにふけりながら〉
Dove son? che incanto è questo? | 私はどこに居るの? これは魔法なの?
Io felice! oh quale evento! | 幸せな私! ああ、何が起こっているの!

È un inganno! ah! se mi desto!
Che improvviso cangiamento!
Sta in tempesta il mio cervello,
Posso appena respirar.

ALTRI
Quello brontola e borbotta,
Questo strepita e s'adira,
Quello freme, questo fiotta,
Chi minaccia, chi sospira;
Va a finir che a' Pazzarelli
Ci dovranno trascinar.

RAMIRO e DANDINI
Vieni, vieni. Amor ti guida
A regnar e a trionfar.

Ramiro trae seco Cenerentola, ed è seguito da Dandini e da Don Magnifico.

Scena IX
Tisbe, Clorinda, indi Alidoro.

TISBE
Dunque noi siam burlate?

CLORINDA
Dalla rabbia
Io non vedo più lume.

TISBE
Mi pare di sognar; la Cenerentola...

ALIDORO
(entrando)
Principessa sarà.

CLORINDA
Chi siete?

ALIDORO
(con alterigia)
Io vi cercai la carità.
Voi mi scacciaste. E l'Angiolina, quella
Che non fu sorda ai miseri,
Che voi teneste come vile ancella,
Fra la cenere e i cenci,
Or salirà sul trono. Il padre vostro
Gli è debitor d'immense somme. Tutta
Si mangiò la sua dote. E forse forse
Questa reliquia di palazzo, questi
Non troppo ricchi mobili, saranno
Posti al pubblico incanto.

TISBE
Che fia di noi, frattanto?

ALIDORO
Il bivio è questo.
O terminar fra la miseria i giorni,
O curve a piè del trono
Implorar grazia ed impetrar perdono.
Nel vicin atrio io stesso,
Presago dell'evento,
La festa nuziale ho preparata:
Questo, questo è il momento.

CLORINDA

ティスベ、クロリンダ、続いてアリドーロ

ティスベ
つまり私達からかわれてるの?

クロリンダ
怒りで
私もう光さえ目に入らないわ。

ティスベ
夢でも見ているよう… あのシンデレラが…

アリドーロ
〈入って来ながら〉
妃となられるでしょう。

クロリンダ
あなた何者なの?

アリドーロ
〈尊大に〉
私はあなた方に施しを乞いました。
あなた方は私を追い払いましたが、あの
天使の様な娘は、憐れな者たちの声を聞いてくれました。
灰にまみれ、ぼろを身にまとった
卑しい下女とあなた方が見なしている娘です。
その娘が、今、玉座に登るのです。あなた方の
父親は彼女の莫大な財産を横領したのです。
彼女の持参金をすべて食いつぶしたのです。
おそらく、きっと、この館も、
これらの高価な家具類も
競売に出されるでしょう。

ティスベ
これから私たちどうすれば?

アリドーロ
今が人生の分岐点。
苦悩のうちに人生を終えるか
玉座にすがりつき
慈悲を請い、許しを願うか。
結果を見越して、私自身が
婚礼の式典を、
となりの部屋に準備してあります。
さあ、まさに決断の時。

クロリンダ

Abbassarmi con lei! Son disperata!
Sventurata! mi credea
Comandar seduta in trono.
Son lasciata in abbandono
Senza un'ombra di pietà.
Ma che serve! tanto fa:
Sono alfine giovinetta,
Capitar potrà il merlotto.
Vo' pelarlo in fretta in fretta,
E scappar non mi potrà.
Un marito, crederei,
Alla fin non mancherà.
(parte)

ALIDORO
La pillola è un po' dura:
Ma inghiottirla dovrà; non v'è rimedio.
E voi, cosa pensate?

TISBE
Cosa penso?
Mi accomodo alla sorte:
Se mi umilio, alla fin non vado a morte.
(parte)

ALIDORO
Giusto ciel! ti ringrazio! I voti miei
Non han più che sperar. L'orgoglio è oppresso.
Sarà felice il caro alunno. In trono
Trionfa la bontà. Contento io sono.
(esce)

Scena X
*All'alzarsi della tenda scorgesi un atrio con festoni
di fiori illuminato, e nel cui fondo su piccola base siedono
in due ricche sedie Ramiro e Cenerentola in abito ricco;
a destra in piedi Dandini, dame e cavalieri intorno.
In un angolo Don Magnifico, confuso, con gli occhi fitti in terra.
Indi Alidoro, Clorinda e Tisbe, mortificate, coprendosi il volto.*

CORO
Della fortuna istabile
La revolubil ruota
Mentre ne giunge al vertice
Per te s'arresta immota.
Cadde l'orgoglio in polvere,
Trionfa la bontà.

RAMIRO
(scuotendo Cenerentola)
Sposa...

CENERENTOLA
(stupida per la gioia)
Signor, perdona
La tenera incertezza
Che mi confonde ancor. Poc'anzi, il sai,
Fra la cenera immonda...
Ed or sul trono... e un serto mi circonda.

DON MAGNIFICO
(corre in ginocchio)
Altezza... a voi si prostra.

CENERENTOLA
Né mai m'udrò chiamar la figlia vostra?

RAMIRO
(accennando le sorelle)
Quelle orgogliose...

CENERENTOLA
Ah Prence,
Io cado ai vostri piè.
Le antiche ingiurie
Mi svanir dalla mente.
Sul trono io salgo, e voglio
Starvi maggior del trono.
E sarà mia vendetta il lor perdono.
Nacqui all'affanno, al pianto.
Soffrì tacendo il core;
Ma per soave incanto,
Dell'età mia nel fiore,
Come un baleno rapido
La sorte mia cangiò.
(a Don Magnifico e sorelle)
No no; - tergete il ciglio;
Perché tremar, perché?
A questo sen volate;
Figlia, sorella, amica
Tutto trovate in me.
(abbracciandole)

TUTTI MENO CENERENTOLA
M'intenerisce e m'agita,
È un Nume agli occhi miei.
Degna del tron tu sei
Ma è poco un trono a te.

CENERENTOLA
Padre... sposo... amico... oh istante!
Non più mesta accanto al fuoco
Starò sola a gorgheggiar.
Ah fu un lampo, un sogno, un gioco
Il mio lungo palpitar.

CORO
Tutto cangia a poco a poco
Cessa alfin di sospirar.
Di fortuna fosti il gioco:
Incomincia a giubilar.

ラミーロ
〈姉妹たちを指さしながら〉
あの傲慢な女どもは…

シンデレラ
ああ、王子様、
私はあなたの足下にひれ伏します。
かつての侮辱の数々は
脳裏から消えて行くでしょう。
私は玉座に登り、そして
それ以上のものとなりたいのです、
彼等を許す事で私は報いられるのです。
私は苦悩と涙の中に生まれました。
私の心は静かに耐えて来ました。
でも、花咲く年頃にあって、
優しい魅惑ゆえに
私の運命は、一瞬の閃光のように
変ったのです。
〈マニーフィコや姉達に〉
さあ、涙を拭いて下さい、
どうして震えるのですか、どうして?
この胸に、飛び込んで来て下さい。
娘も、姉も、友達も、
すべてを、私の心の中に見い出して下さい。
〈娘たちを抱く〉

シンデレラを除く一同
彼女は私に感動を与え、私の心をかき立てる。
彼女は私の目に映る女神。
あなたこそ、玉座にふさわしいお方。
いえ、玉座だけでは足りないほどのお方。

シンデレラ
お父様… 私の夫… お友達… ああ、この瞬間!
私は、もう暖炉のそばで独りで
悲しむ事なく、優しく歌えるのだわ。
ああ、私の長かった心のときめきは、稲妻、
夢、そして喜びだったのだわ。

合唱
万象は次第に変貌し
嘆きさえ最後には消滅する。
運命の女神の気紛れだったものが
幸福の歓声を生みだした。

FINE

幕

参考文献

Il grande libro dell'opera lirica a cura di Piero Mioli

Tutti i libretti di G.Rossini Garzanti

La Cenerentola di Giacomo Ferretti   Garzanti

Enciclopedia della Musica   De Agostini
La nuova enciclopedia della musica Garzanti

河原　廣之＝翻訳・注釈・編集

大阪音楽大学大学院オペラ研究科講師
イタリアオペラ塾代表
神戸大学在学中にイタリアに渡り
ウルビーノ大学文学部にて、トゥッリオ・デ・マウロの
「一般言語学概論講義」を中心に、音韻論、語源学
近代イタリア文学、音声学を研究。
ミラノ・スカラ座日本公演
フィレンツェ歌劇場日本公演主任通訳をはじめ
全国の二期会、東京オーチャードホール、愛知県立芸術劇場
滋賀県立びわこホール、カレッジオペラハウス、
堺シティオペラ、東京室内歌劇場など全国の主要歌劇場での
イタリア語舞台言語表現法、演出
字幕作家として精力的にかかわっている。
また、イタリアオペラ塾、浜松オペラセミナーなどで
オペラ研修・台本研究を行い後進の指導にも積極的に関っている。
イタリアにおいても、故ピエロ・カップッチッリ（バリトン）
フィオレンツァ・コッソット（メッツォ・ソプラノ）
イーヴォ・ヴィンコ（バス）
など世界的なオペラ歌手たちとともに
毎年声楽研修を行っている。

Ⓒ 対訳　シンデレラ あるいは 美徳の勝利

2008年5月17日　　初版発行

発行者　　Ⓒ 河原隆子

発行所　　Ⓒ おぺら読本出版

印刷所　　有限会社　BluCon

郵便振替 00970-7-32279　おぺら読本出版

おぺら読本出版・イタリアオペラ塾ホームページ
http://sound.jp/operapec/
定期購読申込 E－ｍａｉｌ
operapec@hcn.zaq.ne.jp